JN438982

남해안 중심도시 광양!
이충재가 리뉴얼합니다

내일은 광양, 지금은 이충재

남해안 중심도시 광양!
이충재가 리뉴얼합니다

초판 1쇄 인쇄_ 2025년 12월 5일 | 초판 1쇄 발행_ 2025년 12월 10일
지은이_이충재 | 펴낸이_오광수 외 1인 | 펴낸곳_새론북스
주소_서울시 용산구 한강대로 76길 11-12 5층 501호
전화_02)3275-1339 | 팩스_02)3275-1340 | 출판등록_제2016-000037호
E-mail_ jinsungok@empas.com
ISBN_978-89-93536-79-9 03340
※ 책 값은 뒤표지에 있습니다.
※ 새론북스는 도서출판 꿈과희망의 계열사입니다.

내일은 광양 · 지금은 이충재

남해안 중심도시 광양!
이충재가 리뉴얼합니다

이충재 지음

새론북스

이 책을 펴내며

"여러분과 함께 '새로운 광양시대!' 불러오겠습니다"

'시장의 역할은 무엇인가?'

너무나 당연한 질문이지만, 어느 누구도 쉽사리 답을 제시하지는 못할 것입니다. 해야 할 일도 많고 잘해야 합니다. 무엇보다도 시민의 바람과 눈높이에 맞출 수 있는 리더십이 필요하기 때문입니다.

시장은 행정구역 및 공무원 관리, 지방세 부과 · 징수, 예산 편성 · 집행, 재산관리, 교육 · 문화 · 예술 진흥, 주민등록 관리, 주민복지 증진, 산업 진흥, 지역개발, 국제교류 등 지방자치단체의 모든 사무를 관장합니다.

지금 16만 광양시민들은 일 잘하라고 선출한 시장을 비롯한 광양의 정치인들이 역할을 제대로 하고 있는지 질문하고 있습니다.

우리 광양은 광양제철소 건설과 광양항 컨테이너부두 개발 이후 지난 30여 년간 지역의 성장과 혁신을 이끌지 못했습니다. 1995년 광양군과 동광양시가 통합된 지 30년이 되었지만, 여전히 동서 지역 간의 갈등도 잔존합니다. 인근 도시들의 지역 발전과 관광산업 확장 그리고 세계적인 캠페인을 주도하는 비약적인 발전을 보면서 상대적 소외감을 느낀다는 하소연을 하기도 합니다.

시민들은 지방정치인들이 거시적 안목과 정책 역량을 바탕으로 시민들의 지혜를 모으고, 중앙정부를 움직여 지역의 재도약을 시켜줄 것을 바라고 있습니다.

요즘 우리 대한민국 국민은 임기 내내 독선과 무능, 부패로 일관하다 12. 3 내란으로 탄핵된 윤석열 정부에 이어 집권한 이재명 정부에서 정부의 역할과 국가원수의 리더십을 체감하고 있습니다. 이 대통령은 서민으로서의 삶을 몸소 살아왔고, 사회운동을 하면서 세상의 변화와 국민의 행복을 위해 누구 못지 않게 노력했습니다. 성남시장, 경기도지사, 대통령직에 이르기까지 이 대통령의 철학과 신념은 오로지 국민을 향해 있었기에, 출세와 권력만을 추구하는 여느 정치인과는 다른 지도자가 될 수 있었던 것입니다.

이제 우리 광양도 오로지 시민을 위하고, 지역의 성장과 혁신을 추구하는 리더가 시를 이끌어야 합니다. 광양시민들은 제2의 성남 같은 지방자치단체 행정을 누릴 자격이 충분합니다. 이런 시대적 요청과 함께 저는 광양시의 오늘과 내일을 말하는 '남해안 중심 도시 광양, 이충재가 리뉴얼 합니다'를 출간하게 되었습니다.

이 책에는 저의 철학과 신념을 바탕으로 지역의 산업적 지리적 특성을 활용한 성장 전략과 주민복지, 서민과 미래세대에 대한 애정, 소상공인과 농촌을 살리고자 하는 의지, 교육 · 문화 · 생활체육의 발전, 유능한 행정조직을 위한 복안 등이 두루 담았습니다.

위정자 같은 시장이 아닌, '지역운동가' 같은 시장을 꿈꿉니다. 시민들이 바라는 원칙과 실용이 조화를 이룬 행정, '우리 지역에 저런 시장도 있구나' 하는 기대감과 효능감을 느끼는 광양시를 만들겠습니다.

시민 여러분! 여러분과 함께 '새로운 광양시대'를 불러올 수 있도록 저 이충재가 내민 손을 꽉 잡아 주십시오.

2025. 12. 10 광양의 내일을 준비한 이충재

추천사1

"말보다 실천을 앞세우고, 조화와 균형을 중시하는 사람"

권노갑
김대중재단 이사장

산업과 항만, 도시 환경이 빠르게 변화하는 지금, 광양은 새로운 성장의 기반을 마련해야 할 중요한 기로에 서 있습니다. 지역의 경쟁력과 미래 비전을 다시 세워야 하는 이 시기에, 광양의 내일을 누구보다 깊이 고민해 온 사람이 있습니다. 바로 이 책의 저자, 이충재 김대중재단 광양지회장입니다.

이충재 지회장은 태어나고 자란 고향을 삶의 중심에 두고, 56년 동안 광양과 함께 살아온 사람입니다. 그 시간이 쌓아 만든 신뢰와 무게는 지역에 뿌리내리고 시민과 함께 걸어온 이에게

서만 나올 수 있는 것입니다. 그에게 '광양 사람'이라는 정체성은 단순한 출신이 아니라 공동체를 향한 책임과 약속을 의미합니다.

그는 공직과 시민사회, 노동 현장을 두루 거치며 항상 사람의 목소리를 먼저 들었습니다. 겉으로 드러나는 주장보다 그 뒤에 있는 시민의 형편을 살피는 태도는 오랜 현장 경험에서 비롯된 것입니다.

그가 일하는 방식은 단순하지만 일관됩니다. 직접 보고, 사람을 만나고, 문제를 끝까지 확인하는 것. 맡은 일의 크고 작음을 떠나 책임을 회피하지 않고 묵묵히 해내는 모습에서 그의 성품을 읽을 수 있습니다.

저는 이충재 지회장이 보여온 한 가지 태도를 특히 높이 평가합니다. 말보다 실천을 앞세우고, 조화와 균형을 중시하는 사람이라는 점입니다. 필요할 때는 의견을 분명히 밝히되, 결정을 내릴 때는 군더더기 없이 행동으로 책임을 지는 모습은 신뢰를 주기에 충분했습니다.

이 책은 단순한 공약집이나 정책자료집이 아닙니다. 광양을 가장 잘 아는 사람이 시민과 함께 그려낸 발전 비전이자, 삶의 경험에서 우러나온 광양발전 로드맵입니다. 산업과 항만, 교육과 문화, 생활 기반 등 광양의 핵심 과제를 다루는 제안들은 모두 지역에서 쌓아온 경험과 시민과 나눈 깊은 고민의 결과입니다.

저는 신뢰를 담아 이충재 지회장의 저서를 시민 여러분께 권합니다. 그의 걸음을 따뜻한 시선으로 지켜봐 주시기를 바랍니다.

추천사2

"'무(無)에서 유(有)를' 만든 주인공입니다."

김동명

(한국노총 위원장)

같은 길을 함께 걸어온 이충재위원장이 새로운 광양시 역사를 만들고자하는 길에 들어섰습니다. 서는 두 팔을 벌려 환영한다고 했습니다. 한 시절 동료였기 때문이 아닙니다, '무(無)에서 유(有)를' 만든 주인공이었습니다.

그는 일찌감치 10대 후반에 공무원의 길에 들어섰지만 전공노가 없던 시절 동료들의 직장생활을 보다 민주적이고 효율적인 분위기로 조성하고 그들의 목소리를 대변하고자 공무원노조 탄생의 산파역할을 했습니다. 이어서 전국공무원노동조합 위원장, 공공

서비스노동조합총연맹 위원장, 한국노동조합총연맹 상임부위원장으로 국민연금 기금운용위원회 위원, 민주당 국민통합위원회 부위원장으로 일해왔으니 그야말로 개인의 영달이 아닌 오로지 동료들과 국민을 위해 오랜 시간을 바친 일꾼입니다.

우리 한국노동조합총연맹은 노동자들과 우리에게 지워진 역사적 사명을 충실하게 이행하기 위하여 장구한 시일에 걸쳐 조직적 통일을 바탕으로 자유, 민주 노동운동의 발전을 위해 줄기차게 매진해 왔습니다. 노동자의 안전한 작업환경과 국민 일반의 건강하고 쾌적한 생활환경을 지속적으로 보장할 수 있는 국민경제의 균형된 발전을 위해 최대한의 노력을 기울이고 있습니다.

내일의 광양시를 이끌어갈 수장은 광양시민은 물론이고 대시민 봉사 정신을 바탕으로 시행정을 이끌어가는 공무원들과 같은 눈높이에서 눈을 맞춰가며 새로운 역사를 써야 합니다. 지난 36년간 공무원과 국민을 위해 일해 온 이충재 위원장이라면 수장이 될 충분한 자격이 있고 그의 리더십과 마인드라면 광양의 미래는 '광양'이라는 이름이 지닌 '밝고 따뜻한 햇살'이 될 것이라고 믿습니다.

정치는 이상을 말하지만 실천을 통해 현실에서 완성된다고 합니다. 지방정부와 지방의회 그리고 각 지역리더들이 시민의 삶을 바

꾸는 정치를 실현할 때 정부가 설계한 정책의 효용도 극대화될 것입니다. 새로운 출발을 위해 자신이 준비하고 모색하고 실행으로 옮기고자 하는 광양시의 오늘과 내일을 담은 이 한 권의 책을 쓰고자 장시간에 걸쳐 애쓴 이충재위원장의 변함없는 노력과 열정에 갈채를 보냅니다.

광양시민 여러분! 이충재위원장과 함께 더 빛나는 광양을 만들어가시길 기원하겠습니다.

추천사3

"대의민주주의를 잘 이끌어갈 새로운 일꾼입니다."

임혁백
(고려대학교 정치외교학과 명예교수, 좋은정책포럼 이사장)

'이충재'님을 생각하면 가장 먼저 떠올려지는 이미지가 있습니다. 그것은 다름 아닌 '시민의 목소리'를 그 누구보다도 빨리 정확하게 듣고 그 목소리에 대한 답을 빨리 낼 수 있는 사람이라는 것입니다.

그는 기성 정치인이 아닌 55년간 광양 시민으로 살아온 한 사람으로서 또 공직 현장의 공무원으로 다년간 일한 경험자로서 그가 시장이 되어 일하겠다고 뜻을 전했을 때 '이충재'라는 사람이야말로 대의민주주의를 잘 이끌어갈 새로운 인물이라는 생각이 들었습니다.

몇 년 전 저는 〈민주주의의 발전과 위기〉라는 책을 통해 "대의 민주주의는 아테네의 고전적 직접 민주주의를 모방한 것이 아니고 근대 시민들이 새롭게 발명한 민주주의다."라고 말했습니다. 선거라는 수단을 통해서 시민들의 집단의사를 확인하고, 시민들의 대표를 통해 그 집단의사를 간접적으로 실현하려는 제도로 18세기 이래 최고의 정치제도 혁신이라는 관점에서입니다. 아니, 18세기뿐 아니라 지난 천 년(1000~1999) 사이에 일어난 가장 빛나는 민주주의의 제도적 혁신입니다.

곱게 자란 나무는 늘 보살핌을 필요로 합니다. 욕심이 많은 나무는 주변의 나무보다 빨리 커서 열매를 많이 맺고자 주변의 나무를 자라지 못하게 방해합니다. '이충재'라는 사람이 살아온 이력은 혼자서만 잘 크려고 아등바등하며 욕심내는 삶이 아니었습니다. 그의 곁에 있는 사람들은 늘 소시민들과 현장에서 일 하는 공무원들이었습니다. 그들을 위한 '동행'을 자청해 온 인물입니다. 그러니 그가 광양의 일꾼이 되어 시민들과 함께 걷는 길이야말로 민주주의를 현장에서 실천하는 길이 아닐까요?

저는 민주당 22대 국회의원선거 공천관리위원장으로 일한 바 있습니다. 민주주의는 갈등을 규칙과 과정에 의해 규제하고 처리

합니다. 하지만 갈등이 '궁극적으로, 완전히' 해결되는 것은 아닙니다. 갈등은 다만 정해진 기간 동안 시민들의 평화를 유지할 수 있을 만큼 잠정적으로 중단되는 것이죠. 이렇듯 갈등을 잠정적으로 중단시킴으로써 평화를 유지시키는 비밀병기가 바로 투표용지라는 '종이 돌(paper stone)'입니다.

기대하건대 앞으로 다가오는 민선 9기 지방선거에서 광양시민 '이충재'가 광양시의 미래를 이끌어갈 주역이 될 수 있길 응원합니다.

C O N T E N T S

남해안 중심도시 광양! 이충재가 리뉴얼합니다

이충재의 My Way

"광양 토박이 이충재입니다."

1부 광양! 정답은 현장에 있습니다

_시민이 바라는 광양의 내일, 시민이 바라는 시장의 역할

"광양 성장 정체의 걸림돌은 무엇인가?"
"도시의 성장은 무엇으로 견인되는가?"
"광양의 차별화는 무엇인가?"
"광양의 AFTER 30년을 내다본다면?"
"'시장'은 어떤 사람이어야 하는가?"

2부 광양! 남해안 중심도시로의 비전 세우겠습니다

CONTENTS

이충재의 My Way

“광양 토박이 이충재입니다.”

step1

56년 내내 '가냥광양 사람'

1969년 용강리 검단마을에서 6남매의 다섯째로 태어났다.
아래 위 형제들과 즐겁게 부대끼는 가운데 유년 시절을 보내면서 '함께'의 가치를 배웠다.
그리고 순천고등학교를 졸업한 열아홉 살의 나는 대학이 아닌 공무원의 길을 택했다.

검단마을서 나고 자란 광양토박이

사람들과의 만남에서 유독 좋아하고 강조하는 말이 있다. '토박이'. 누구든 나고 자란 고향이 있건만 과거 농경사회와는 달리 현대 사회에서는 50년 넘게 고향 땅 한 곳에 머물기란 그리 쉽지 않은 일이다.

나는 태어난 곳도 줄곧 살아온 곳도 광양이고 단 한 번도 현주소가 광양시 밖이었던 적이 없다. '토박이'라는 말을 들으면 그 이유 하나만으로도 나도 모르게 자존감으로 이어지는 이유이기도 하다.

거창하게 늘어놓을 만한 서사가 없을지라도 내 삶이 고스란히 배어 있는 땅이기에 예나 지금이나 "나 가냥광양 사람 인디요."를 자랑처럼 말하고 다닌다.

시가 아닌 광양읍이던 시절, 1969년도였다. 도시도 외진 농어촌도 아니었던 구 광양읍 용강리 검단마을에서 6남매의 다섯째로 태어났다. 위로 형님 두 분과 누님 두 분이 계시고 아래로는 남동생 한 명이 있다. 베이비부머 세대의 뒤를 이어 세상을 만났다.

유년 시절, 하루 세끼 끼니 걱정을 할 만큼 지독하게 가난하진 않았지만 그렇다고 경제적으로 넉넉한 집안도 아니었다. 지금은 광양이 전라남도 내에서 '1인당 소득 수준 2위'라는 남다른 훈장도 달고 있지만 70년대 광양은 농업과 수산업이 삶의 터전이었던 낙후된 어촌지역이었다. 포항제철현)포스코가 1985년 종합제철소를 착공하면서 전라남도의 대표적인 공업 도시로 자리매김하기 이전까지의 광양은 그랬다. 마을 앞 농경지 사이로 기차가 지나가고 멀리 보이는 바다 위로는 눈부신 햇살아래로 통통배들이 떠 있었다. 부자나 중산층은 소수이고 대다수가 서민층이었으며 우리 집도 그 중 하나였다.

'고향' 하면 가장 먼저 다가오는 이름이 있다. '어머니'다. 이 나라의 20세기 근현대사를 거쳐온 노년층 중장년층들도, 지금의 청년세대나 10대들도 '어머니'라는 이름 앞에서는 누구나 가슴 한 켠 먹먹해지는 저마다의 사연들이 있듯이 내 눈으로 보고 느끼며 겹겹이 쌓인 우리 가족사의 앨범이 내게도 있다. 그 속에서는 단연코 어머니의 이런저런 모습들이 파노라마처럼 이어진다.

경찰 출신으로 6.25 참전용사였던 아버지는 전후 이렇다 할 직업이 없었고 남에게 싫은 소리 못하고 그저 '사람 좋다'는 말만 들었던 당신이다. 빌려준 돈도 제대로 받지 못하는 이를테면 타인에 대한 배려만 컸으니 6남매를 키우는 몫의 9할은 어머니의 몫일 수밖에 없었다. 많지 않은 농사지만 도맡아 하다시피 했고 때로는 남의 집 일을 돕고 품삯을 받아오던 모습, 또 자식들의 학비와 생활비를 마련하느라 종종 동네 이웃에게서 급전을 빌려오던 안타까운 일화들이 지금도 생생하게 떠오른다.

'어머니는 강하다'는 말은 이 세상 모든 어머니를 의미하는 수식어로 통하지만 우리 어머니야말로 철저하게 가족의 생존을 위한 삶의 무게를 짊어지고 살았던 분이다. 넉넉지 못한 살림살이였지만 학비를 마련해주지 못해 훗날 자식들의 원망을 들을 일은 없었다. 여섯아이들 입히고 먹이고 가르치느라 당신은 그렇게 억척스럽게 일만 하면서 사셨다.

그래서일까? 한 가정의 가장이 됐고 어느새 반세기가 넘는 삶을 지나왔지만 나이가 한 살씩 늘어날 때마다 그리움만 깊어가는 얼굴이 어미니 당신이다. 기억 속의 아버지와 형제들 또한 정겹고 고마웠던 소중한 가족이지만 그 누구보다도 당신 앞의 나는 여전히 작은 그림자인 것이 부인할 수 없는 사실이다.

작은 학교에서 재주껏 앞장섰던 아이

읍소재지 외곽에 자리해 있던 광양남국민학교현 광양마로초등학교는 한 학년이 두 반에 불과한 작은 학교였다. 그곳이 모교로 내 유년의 일상을 한데 모아놓았던 집합처나 다름없다. 도시의 학교와는 달리 모든 아이에게 방과 후 최고의 놀이터이자 꿈터이었고 마을의 상징적인 공간이었다.

나는 내성적이면서도 알게 모르게 외향적인 기질도 적지 않았던 아이였다. 그 시절만 해도 공부만 잘하면 학급에서 반장을 맡곤 했지만 반장은 물론이고 6학년 시절엔 전교 어린이회장도 맡았으니 나름 자신감으로 충만돼 있었다. 게다가 과학경시대회도 나가고 교내 행사에도 늘 앞에서 참여했고 웅변을 하여 교외대회에도 나갔을 만큼 남들 앞에 서는 것에 주춤거리는 일은 없었다. 그 시절은 그야말로 내 모든 것을 다 보여줄 수 있는 내 세상만 같았다.

특별히 체력이 남달라서 운동에서는 이렇다 할 두각을 드러내진 못했지만 공부에서는 늘 손가락 안에 꼽히는 아이였다. 노래나 춤, 미술, 글쓰기는 나름 즐겼지만 체육이나 악기연주에는 특별한 재주가 없었다. 다만 기억을 더듬어보면 장기만큼은 나름 잘 두었던 아이였다. 무엇이 장기에 빠져들게 했는지는 모르지만 초등학교 고학년 시절 장기는 나의 남다른 개인기였다. 동네 어른들과 두어도 패하는 법이 거의 드물었던 것 같다.

'유년기의 경험들로 인해 형성된 사고나 가치관은 현재와 미래를 만들어가는 토대가 된다'는 말이 있다. 흔한 예로 문학, 음악, 스포츠로 대성한 사람들을 보면 그 시작은 유년기부터였다. 설령 이름을 떨치는 유명인물이 아닐지라도 예닐곱 살 때 열 살 때 배웠던 것들은 어른이 되어서도 몸과 머리가 먼저 안다고 하지 않던가.

언젠가 지인 중 글 쓰는 이가 이런 말을 했던 기억이 난다. 누구나 한번쯤은 읽은 책 '어린왕자'를 쓴 소설가 앙투안 드 생텍쥐페리Antoine Marie-Roger de Saint-Exupéry의 본래 직업은 비행사이었고 그것은 그의 유년시절과 무관하지 않다고. 문학에는 큰 관심이 없었기에 '어린왕자'와 '생텍쥐페리'라는 이름만 기억하고 있던 내게 그는 친절하게도 잘 알려지지 않은 일화를 소개했다. 생텍쥐페리가 〈어린왕자〉, 〈남방우편기〉, 〈야간비행〉 같은 작품을 쓸 수 있었던 것은 20대 초반부터 일찌감치 아프리카 대륙 상공을 날고 남미 지역을 오가며 안데스 산맥을 넘는 비행사로 활약했기 때문이었다고.

나 또한 초등학교 시절 보고 듣고 느끼고 행했던 다양한 활동들이 자연스럽게 몸과 마음에 씨앗을 내리고 그것이 지금 내가 갖고 있는 리더십 기질과 공동의 가치를 추구하는 장점에 자양분이 된 듯하다. 그간 걸어온 시간들과 지금의 나를 퍼즐처럼 맞추어보건대 나름 신뢰할 만한 결과론이라는 생각을 하지 않을 수 없다.

유년기에 체득한 '함께'의 가치

흘러간 시간은 다시 돌아오지 않는다. 그래도 그 시간이 문득문득 추억 속에서 수채화처럼 되살아나는 것은 아름다웠던 시절로 각인되어 있기 때문이 아닐까. 형제들과 함께한 풋풋한 유년의 날들이 그렇다. 6남매 7남매가 특별하지 않았던 시대였으니 나 또한 누나 형 동생들과 함께 놀고 웃고 싸우고 또 배우면서 그렇게 유년기와 청소년기를 거쳤다. 여럿 남매를 키우느라 인생을 온전하게 자식들에게 희생한 부모님의 삶은 고난이자 운명 같은 길이었지만 우리는 형제가 여럿이어서 기억할 수 있는 추억도 많다.

내가 열한 살쯤이었을까? 어느 날 우리 집 초등학생 3형제는 집 가까이에 있는 큰 나무를 베어오기로 입을 모았다. 집 앞으로 경전선 철로가 지나고 있었다. 철길과 집은 불과 100여 미터도 안 되는 거리였고 철길 건너편에는 우리 몸통만큼이나 굵고 전봇대 몇 개 높이만큼 올라간 나무가 있었다. 형과 내가 번갈아 가면서 얼마나 톱질을 했을까. 나무는 끝내 쓰러지고 말았다. 그야말로 우리의 힘으로서는 놀라운 일을 해낸 것이었지만 환호도 잠시 당장 급한 것은 철길 위로 쓰러진 나무를 집 쪽으로 끌어내는 일. 기차가 언제 지날지도 모르는 일인데다 그 상황을 어른들이 보기라도 하면 크게 혼나고도 남을 일이었으니까.

사실 지금 생각해도 아이들 셋이 그 나무를 통째로 옮긴다는 것은 불가능한 일이었다. 어찌 된 걸까. 누구랄 것 없이 다급해진 마음에 철길 위로 달려가 나무를 끌어내기 위해 온 힘을 쏟았지만 끌어내기에는 역부족이었다. 나무를 여러 토막으로 분리해야 했다. 세 아이의 낑낑대는 소리와 함께 나무토막들은 어느새 철길 밖으로 넘어가 있었다. 가쁜 숨을 내쉬고 있었을 때였다. 불과 1, 2분이 흘렀을까. 멀리서 기차가 달려오고 있었다. 그 나무가 그대로 철로 위에 있었다면 어찌 됐을까. 지금 생각해도 아찔하기만 하다.

아이가 여럿이면 서로 놀면서 부딪히고 싸우면서 그 속에서 함께 배우고 성장한다고 하지 않던가. 추억도 추억이지만 무엇이든 뭉치면 감히 예상조차 할 수 없는 큰일을 만들어 낼수 있는 힘을 발휘한다는 것을 그때 알았던 것 같다. 훗날 공무원이 되어 조직생활을 하면서 노조 활동에 참여하여 리더로 움직이면서 '함께'의 소중한 가치는 수시로 발견할 수 있었다.

대학 대신 걷게 된 공직의 길

학교생활에서 매사에 리더 역할을 했던 초등학교 시절과는 달리 중학교 3년을 은둔형에 가깝게 '범생이(?)'로 보낸 후 순천과 광양 지역에서 나름 공부를 좀 한다는 아이들이 시험을 봐서 입학하는 순천고등학교에 들어갔다.

10대 중후반의 청소년기는 '질풍노도의 시기'라는 말이 내게도 현실이었고 결국엔 인생의 전환점을 찾는 계기가 되는 시기였다. 재학생들의 십중팔구는 명문대 진학을 위해 머리를 싸매고 공부하는 분위기였지만 나는 수업시간에만 집중하는 정도였을 뿐 방과 후 공부는 남의 일로 여겼다. 딱히 무엇 때문에 겉돌았다고 말할 순 없다. 대학, 직업, 꿈을 향한 나의 길을 추구하기보다는 '삶'이라는 큰 덩이를 놓고 온갖 잡다한 생각을 했던 것 같다. 그렇다고 철학에 빠져든 것도 아니건만 늘 내 머릿속에는 다양한 생각들이 들어와서 부딪히며 서로 갈등하기를 반복했다.

그런 가운데 분명해진 것 하나가 있었다. 바로 대학 진학이었다.

형편이 넉넉하진 않았지만 부모님으로부터 돈 없어서 대학은 못 보낸다는 말은 단 한 번도 들은 적이 없다. 그렇다고 딱히 그 무언가에 꽂힌 것도 아니었다. 막연하게 학교 공부 자체가 재미없었고 그러다 보니 성적도 그다지 좋지 않았다. 3학년이 돼서도 대입 진학은 관심 밖이었다. 그러던 어느 날 어머니가 내게 물었다.

"곧 대학 시험 쳐야 할 것인디…,"
"대학을 꼭 가야 혼당가? 내는 대학 안 갈라네."

당시 내 생각은 여느 고3들과는 달랐다. '대학은 학문을 연구하는 사람이 가는 곳이지 누구나 다 대학을 갈 필요는 없다. 나는 학문을 연구할 생각이 없으니 비싼 등록금 내가면서 대학을 왜 가는가'였다. 그렇다면 뭔가 갈 길을 정해야 하는데 그마저도 없었다. 다만 유일한 즐거움이 있었다면 그것은 만화였다.

정규수업이 끝나고 자습을 하는 시간이면 나는 가방을 들고 슬그머니 빠져나갔다. 학교 근처 만화방이 마치 독서실인 양 그곳에 가서 몇 시간씩 닥치는 대로 만화만 보았다. 심지어는 새벽까지 만화의 세계에 빠져들기도 했다. 그 시절 순정만화를 빼고는 모든 만화를 두루두루 섭렵했다. 만화 속에는 내가 알지 못하고 경험하지 못했던 모든 것들이 들어 있었다. 역사, 인물, 문화, 전쟁 등등. 만화방 안에서 나만의 세상 엿보기를 하는 그 순간이 즐겁기만 했다. 지금의 대학수학능력시험인 학력고사를 보긴 했다. 하지만 나는 대학 지원서는 쓰지 않았다. 애초부터 대학에 갈 생각이 없었으니까.

대학을 의도적으로 포기한 상황에서 고등학교를 졸업했다. 이때까지도 나는 내가 무엇을 할 것인지? 무엇을 해야 훗날 후회 없는 길을 선택했다고 말할 수 있을지? 에 대한 답을 구하지 못하고 있었다. 여전히 머릿속은 안개 속에서 나만의 길을 찾는 막연한 시간이었다. '대학은 학문에 전념하며 연구할 사람이나 가야 한다'는 결론에 대해 후회도 없고 변함이 없었다.

나이가 삼촌뻘 되는 큰 형님으로서는 졸업 후 몇 달간 하릴없이 무위도식하며 청춘의 한 시절을 보내는 동생의 모습을 지켜보자니 걱정을 하지 않을 수 없었을 터였다. 어느 날 내게 공무원의 길을 권유하면서 시험에 응해 보라고 했다. 그때까지만 해도 내가 이른 나이에 공무원이 되어 면사무소나 읍사무소 책상 앞에 앉아 행정업무를 처리하는 모습은 그야말로 상상조차 하지 못했다. 하지만 나로서도 딱히 정해놓은 길은 없고 뚜렷한 길을 찾지도 못한 상태였고 형님 말처럼 멀쩡한 청년으로서 마냥 정처 없이 떠도는 모습으로 산다는 것이 가족에게는 미안하고 주변 사람들에게는 괜한 눈치가 보이는 일이었다. 그러니 공무원 시험 도전은 임시방편으로 찾은 비상구 같은 것이었다. 그때는 사실 그랬다.

1988년도 6월, 일단 시험을 치르기로 마음을 먹고 책을 폈다. 지방직 9급 공무원 시험이 두 달도 채 남지 않았을 때였다. 학원을 가거나 기출문제집을 구입해 풀어보지도 않았다. 인근 도서관에 가서 국어, 영어, 한국사는 고등학교 시절 필기한 노트를 찾아서 읽어 보고 다른 과목은 교과서를 훑어보는 정도로 준비했는데 시험은 크게 어렵지 않았고 결과는 합격이었다. 공무원의 길을 선택한 후배들에겐 선배로서 말하기에 조금 부끄러운 일이지만 당시엔 이렇다 할 사명감을 갖고 발을 내디딘 것도 아니었고 간절히 원하던 직업을 얻은 것도 아니었다. 게다가 장기간 노력을 기울인 결과도 아니었으니 열정과 성취의 인과관계가 성립될 리가 없었다. 그저 부모님께 손 내밀지 않고 적어도 내 밥벌이는 할 수 있는 직장이 생겼다는 일종의 안도감 정도만 느낄 뿐이었다.

직업의식이나 어떤 자리에 오르겠다는 야망조차도 없이 걷게 된 공무원의 길이었다. 직장인으로서 마땅히 추구해야 할 인권과 사회정의를 향한 투사가 되겠다는 의식 같은 것은 관심 밖의 일이었다. 이렇게 백지상태에서 공무원의 길에 들어선 내가 공무원노조에 뛰어들 줄이야.

step2

후회 없는 공직의 시간

일찌감치 심오한 사고, 정확한 판단, 과감한 실천을 삶의 지침으로 세웠다.
그래서 나는 공무원노조 탄생의 산파 역할을 자청했다.
'전과 7범'이란 꼬리표가 붙었지만 사회적 합의를 이끌어 '공무원연금 개혁'을 주도했고 노동자와 사회적 약자의 권익을 위해 보낸 시간은 결코 후회 없는 나의 선택이었다.

지역 주민의 한 사람 된 새내기 공무원

1988년 8월부터 시작된 공무원 수습 기간을 거친 후 1989년 2월 광양읍사무소에서 첫 공무원 생활을 시작했다. 총무과 재무계에서 8개월을 근무한 후 병역의무 이행 기간으로 이어졌고 단기사병인 '방위병'으로 18개월의 복무를 마친 후 다시 복귀했다,

지금 생각하면 어찌된 영문인지 몰라도 신입이 자리를 차지하기에는 쉽지 않은 일들을 두루두루 거치면서 다양한 경험을 쌓은

것 자체가 좀처럼 드문 행운이었다. 행정, 양정, 세정 관련 업무는 지자체의 핵심부서로서 20대 초반의 직원에게는 쉽게 주어지지도 않거니와 업무 자체가 버거울 수도 있었다. 의외였다. 잔무가 많고 제시간에 퇴근할 수 없을 만큼 일이 많긴 했지만 크게 어렵다거나 업무 자체가 스트레스로 이어지는 일은 없었다.

한번은 크게 실망스러운 일이 있었다. 양정계 근무 당시 해마다 지역 양곡 통계를 내고자 각 지방에서 파견된 공무원들이 보름 동안 전남도청에 파견되어 합동 근무를 하곤 했다. 초임 시절 어느 해인가 차출되어 파견근무를 나갔는데 그야말로 한숨이 저절로 나왔다. 통계서류를 보니 가로 세로 어느 한 줄도 합계 숫자가 제대로 맞지 않았다. 총합계와 수십여 장의 관련 문서 수치가 맞지 않는 것은 당연할 수밖에. 그런 엉터리 통계서류가 보고서로 버젓이 올라와 있는 것을 보고 "어떻게 이럴 수가 있을까?" 하는 탄식이 저절로 나왔다. 한편으로는 놀랍기도 하고 다른 한편으로는 공무원 행정 수준이 이 정도밖에 안 되나 싶어서 실망스럽기 짝이 없었다.

컴퓨터로 작업을 하던 시절이 아니었다. 그러니 한두 가지 통계가 잘못되었다면 실수라고 이해할 수도 있겠지만 그게 아니었다. 잘못된 통계수치를 보이는 대로 다 찾아내 수정작업을 했다. 남달리 셈이 빠른 것도 아니었고 타 과목 대비 수학만 유독 잘했던 것도 아니었건만 신입이 기존 선배 공무원들이 대충 넘어간 통계수치를 바로잡는 족집게 역할을 해낸 셈이다. 그러자 당시 도청 실무자들 사이에서 '이상한 녀석이 나타났다'는 말이 나돌았다.

젊은 시절엔 순환보직 체제인 공무원 조직문화가 때로는 좋을 때도 있었다. 시청에서 5년여 동안 근무한 후 골약동(구 성황동) 동사무소에 근무했던 3년의 시간은 유독 행복했던 날들로 남아 있다. 그때만 해도 골약동은 행정구역상으로는 도시지역이면서도 시골 정취가 물씬 풍기던 마을이었다. 사무실에 앉아서 서류를 작성하는 업무도 중요한 일이지만 무엇보다도 공무원은 지역민들과 가까이서 대화도 나누면서 민원에 귀를 기울이고 지역민의 애로점을 해결해주고 지역 발전을 이끄는 일이야말로 지극히 현실적이고 그 중요성 또한 크다는 것을 배우는 계기가 됐다. 특히 주민들과 가까이에서 일하는 동사무소는 완장을 차고 목에 힘주는 공무원이 아닌 같은 지역 주민의 한 사람으로서 함께 어우러지는 일상을 공유한다는 점에서 매력있는 근무지가 아니었는가 싶다.

근무시간이나 퇴근길 우연히 마주친 주민들과 인사를 나누면서 그간의 안부를 주고 받는 것은 예삿일이고 옆집 뒷집 얘기는 물론이고 사돈의 팔촌 대소사까지 정보를 얻을 때가 많다. 노포집 출입문이 열린 틈새 사이로 어느새 나를 봤는지 들어와서 막걸리 한잔하고 가라는 주민들이 적지 않았다. 지금 같으면 인사만 하고 지나치겠지만 그 시절엔 그냥 가면 되레 주민들이 서운해하는데다 함께 술 한잔 했다고 흠 잡히는 때는 아니었기에 지역민들과 술잔을 부딪치며 살아가는 얘기를 나누는 일이 비일비재했다. 이를테면 '사는 게 별거 있는가. 오다가다 만나면 반갑고 밥 먹을 때 수저 하나 더 놓으면 되는 게 사람 사는 거 아닌가' 하는 느낌으로 사람 냄새를 제대로 맡으면서 일했던 것 같다. 지금도 그 시절 만난 지역

어르신들의 얼굴이 떠오르곤 한다. 무엇보다도 동사무소가 주관한 일이든 지역민들이 자발적으로 시작한 일이든 관민이 하나가 되는 롤모델의 면모를 보여준 시절이다.

골약동에서의 시간 중에서도 구봉산 표지석은 여전히 의미 있는 사연으로 남아 있다. 당시 구봉산과 그 주변은 개발되기 이전의 자연 그대로였다. 광양시 전체는 물론이고 남해의 아름다운 전경을 내려다볼 수 있는 위치로 패러글라이딩을 하는 사람들이 찾기도 하고 등산객들이 즐겨 찾는 명산임에도 불구하고 표지석 하나 없었다.

'무식하면 용감하다'고 했던가. 젊은 혈기에 동장님이 표지석을 세우자고 제안하자 앞뒤 재지 않고 실무총괄을 맡았다. 지역 주민들도 의견이 같아서 의기양양하게 나서서 일을 추진했지만 우여곡절이 많았다. 좁은 등산로만 있는 산 정상까지 무거운 돌로 제작된 표지석과 받침대를 끌고 올라가기란 쉽지 않았다. 그렇다고 헬기를 동원할 수도 없는 사정이었으니 산림을 훼손하지 않고 해발 473m까지 동사무소 인력, 통장, 새마을지도자 등등 수십여 명이 힘을 합쳐 오로지 인력으로만 올려야만 했다. 주민들과 함께 힘을 모아 성공시킨 '구봉산 표지석 세우기'는 영원한 추억거리가 됐다.

이뿐만이 아니다. 그 시절 구봉산을 찾는 레포츠인들이 패러글라이딩장을 만들면 좋겠다는 제안을 받고 독단적으로 일을 벌인 적도 있었다. 당초 계획에는 없었던 일이었다. 공공근로사업 예산 범위 내에서 포크레인을 동원해 구봉산 정상에 페러글라이딩장을 만들었다. 그런데 작업 중 포크레인이 넘어지는 큰 사고가 발생했다. 그나마 인명피해가 없었고 무난하게 해결되었기 다행이지 심각한 인사사고가 났다면 나의 공직은 그 일로 끝이 날 수도 있었을 터였다. 한창 패기에 찬 20대 청년이어서였을까? 그때만 해도 참 겁도 없고 업력 짧은 공무원이었지만 주민들 가까이서 함께 호흡하며 성장해가는 시절이었다.

책임과 역할은 분명하고 철저하게

지금은 공무원 신분이 아니지만 경북 경남 울산 지역을 중심으로 발생한 대형산불을 뉴스로 접한 지난 봄에 이어 전국 곳곳에서 집중호우로 막대한 피해 소식이 들려온 7월은 노심초사 그 자체였다. 공무원이 아니어도 이 나라 국민의 한 사람이고 오래전 엄청난 자연재해를 직접 보고 경험했던 터였기에 모든 국민이 안전하기를 바라는 마음은 당연지사다.

구례 · 곡성 · 광양 · 순천 등 우리 지역은 2020년 8월 호우로 인한 섬진강댐 방류로 제방이 붕괴되어 피해가 컸던데다 수해를 입은 주민들의 상처는 아직도 아물지 않은 상황이다. 그러니 부디 지역민들이 안전하길 바라는 마음은 더더욱 간절했다.

공무원으로 일하면서 다양한 일을 겪었지만 23년 전 그해의 태풍과 호우로 인한 재해로 인한 피해는 아직도 눈에 선할 정도다. 2002년 8월 마지막 날이었다. 태풍 루사는 낮 12시 제주도 동쪽 해상을 지나, 오후 5시경엔 JTWC 기준 1분 평균 최대풍속 36 m/s, 중심 기압 960 hPa의 엄청난 세력으로 전남 일대에 상륙했다.

이후 22시간 동안 한반도 전역을 휩쓸고 갔지만 그 피해는 엄청났다. 우리 시의 경우 광양제철소 앞바다에서는 전날 저수지 둑 붕괴사고로 실종되었던 어르신이 사망한 채 발견되고 옥룡면 추산리 개천에서도 50대 여성이 익사체로 발견되었는가 하면 대방마을 대방교에서는 승용차가 급류에 휩쓸려 운전자와 어린이 2명 등 3명이 실종되는 일까지 벌어졌다. 인명피해가 이쯤 될 정도였으니 농토나 가옥 도로 등은 그야말로 초토화된 상황이었다.

당시 나는 옥룡면사무소에서 총무 경리 담당자로 재직 중이었다. '공무원은 국민 전체에 대한 봉사자이며, 국민에 대하여 책임을 진다'는 헌법 제7조를 접어두고라도 말로 다 설명할 수 없는 참담한 피해 현장 앞에서 발만 동동 구를 수는 없는 일이었다. 비상근무체제에 돌입해 낮시간은 삼정교 등 주요 지점에서 인명과 차량 대피에 나서기도 했다. 그때는 고개 한번 돌리는 순간 물이 바닥에서 허벅지까지 차오를 정도로 긴박했다.

폭우를 동반한 태풍은 하룻밤을 넘기고 사라졌지만 더 큰 문제는 수마가 할퀴고 간 현장들을 어떻게 복구할 것인가였다. 공무원으로서 응급복구에 나서는 것은 당연한 일이었다. 그런데 하필이면 그 무렵 공무원노조 전국대의원대회가 겹치는 날이었다. 중앙대의원과 교육국장의 직책을 맡고 있었기에 마음 쓰이지 않을 수는 없는 상황이었지만 과감한 결단이 필요했다. 나는 공무원 노조원 이전에 먼저 공무원이었고 당장 해야 할 일은 수해복구를 위해 최선을 기울이는 것이라고. 일시적으로 노조 활동을 전면 중단하고 오로지 응급복구와 2차 피해를 줄이기 위해 수해복구에만 전념

했다.

태풍이 지나간 자리는 처참했다. 피해복구를 호소하는 농민들의 원성까지 더해져 수해 현장과 면사무소는 시골 5일장보다도 더 혼란스러웠다. 빠른 복구를 위해서는 공무원들의 현명한 판단과 솔선수범이 필수였다. 낮에 피해복구 민원을 접수한 후 다음날에 복구 대상 농가를 선정하여 자원봉사자들, 각종 장비, 물품 등을 매칭시켰다. 피해복구 작업이 빠르고 원활하게 진행되기 위해서는 자원봉사자를 비롯한 지역민들이 현장에서 일할 수 있도록 작업도구 준비를 비롯한 발 빠른 지원이 필수였다. 하지만 면사무소 내 운전기사는 근무 규정에 준해 업무시간만 일하겠다는 식이었으니 한편으로는 야속하기만 했다.

방법은 내가 나서는 것밖에 없었다. 새벽에 출근하여 직접 트럭 운전대를 잡았다. 작업 도구를 그날그날 복구현장에 미리 실어다 놓고 작업 후엔 뒷정리를 하여 다시 면사무소에 다시 가져오는 식이었다. 새벽에 출근하면 밤 열한 시가 돼서야 퇴근했다. 처음에는 수해 현장을 예전의 모습으로 되돌려놓을 수 있을지에 대해 의문이 던져질 정도로 피해가 심각했다. 관민이 하나 되어 구슬땀을 흘리고 수많은 자원봉사자가 함께 힘을 실어주면서 한 달쯤 지나자 예전의 모습을 되찾기 시작했다.

지금 나로서는 공직자의 역할과 책임에 대해 많은 생각을 하고 마음의 준비를 하는 시기다. 임명직이든 선출직이든 직급이나 자리를 불문하고 공직자라면 모름지기 지역의 파수꾼이자 머슴이길 자청해야 한다. 예나 지금이나 지역구 정치인이나 지자체장들을 향한 시민들의 질타와 원성은 끊이질 않고 있다.

"지역을 위해 열심히 일해달라고 찍어줬는데 큰 행사 때나 나타나고 평상시에는 코빼기도 안 보이니 실망스러울 따름이다."

"시를 발전시키라고 밀어줬더니 소통은 불통이고 자기 원하는 치적 쌓기에만 급급하다."

훗날 이런 소리를 듣는 일만큼은 절대 없어야 한다고 나 자신과 약속을 한다. 어떤 자리에서든 본래 가졌던 초심을 끝까지 잘 지키는 것만이 최선의 길일 터이다.

결코 후회하지 않는 것

30여 년 직장을 다니면서 나 또한 '그때 왜 그걸 몰랐지?'라며 놓치고 아쉬웠거나 '그땐 왜 그랬을까' 하며 선택이나 결정에 대해 후회스러운 일들이 있기 마련이다. 다만 지금 생각해도 후회하지 않는 것 두 가지는 분명하다. 공직의 길을 걸은 것과 공무원들을 대변하는 공무원노조 활동을 한 것이 그렇다.

9급으로 출발한 나는 열심히 일했다고 생각한 만큼 능력도 인정받으면서 7년째 되던 해인 1996년 7급으로 한 계단 올라섰다. 다만 직장인으로서 자율이나 권리 주장은 아예 불가능한 그 시절의 공직사회 분위기는 한마디로 마땅치 못하다는 생각을 하고 있던 터였다. 관료주의 조직문화가 만연돼 있었고 인사에 있어서도 불

공정한 일들이 묻혀 지나가는 일이 다반사였다. 일반인들이 모르는 부정부패 요인들도 한두 가지가 아니었다. 하지만 당시는 공무원의 노조 활동이 허락되지 않았던 시절이었던 만큼 밖으로 목소리를 낼 수가 없었다. 다만 공무원들이 참여하는 공무원 직장협의회가 전국적으로 형성돼 있었다. 나는 광양시청에서 직장협의회를 만드는 등 관련 활동에 참여했다.

공무원노조결성 움직임이 가시화된 것은 김대중 정부가 들어서면서부터다. 공무원직장협의회에 대해 정부가 법률을 제정하고 개별기관별로 인정해주었다. 다만 딱 거기까지였다. 나는 2000년에 설립한 광양시공무원직장협의회 사무국장이었다. 당시 '다산방'이라는 공무원들의 온라인 모임에도 참여하였고, 온라인 토론방에서는 '비상 근무가 너무 잦다'는 식의 불만 요인 등 각종 부조리와 관료주의 문제들이 하나둘씩 올라오면서 공무원이 직장인으로서의 마땅히 지키고 가져야 할 권리문제가 불거지기 시작했다.

노동조합에 대한 인식이 남달랐던 김대중 정부의 우호적인 분위기는 공무원노조 탄생의 온실 역할을 했다. 2001년 3월 '전국공무원직장협의회총연합'이라는 조직이 결성됐고 그때부터 '노조추진기획단'이 만들어져 활동이 시작됐다. 당시로서는 직협의 전국 조직 결성과 노조 추진 모두가 불법이었다. 이런 과정을 거친 후에 비로소 2002년 3월 23일, 7만 조합원으로 '전국공무원노동조합(전공노)'이 창립되었다. 나는 노조 추진 기획단으로 참여하면서 전공노의 골격과 규약, 강령 등을 만드는 등 전공노 탄생의 산파역을 했다.

무엇이든 출발부터 완벽하기란 어렵다. 공무원노조도 탄생 초기에는 그저 무늬만 노조 같은 성격이 강했다. 무엇보다도 노동3권이 보장되지 않았다. 단결권은 6급 이하로 제한했고 교섭권은 유명무실했다. 또 단체활동은 원천적으로 금지되고 있었다. 그러니 전공노가 직장단체 노조로서 정착되기까지는 나름 많은 우여곡절을 겪어야 했다. '구체적인 개혁의 상을 만들자'고 목소리를 내면서 지속적으로 '공직사회 개혁'을 주장해 왔다. '촌지 안 받기'와 같은 공직현장의 부정부패 해소에도 집중했다. 결과적으로 현재는 많이 깨끗해졌다.

초기에는 현장의 부정부패 문제에 머물렀다면, 현재는 국가 공직제도 전반의 개혁을 요구하려 하고 있다. 왜곡된 관피아와 신분제도를 낳는 고시제도 개혁 등 제도개선을 위한 큰 담론들을 만들어가는 데 주력하고 있다.

그간 나는 공무원노조 역사의 현장을 늘 지켜온 '산증인'이라는 데 한 점 부끄러움이 없다. 2001년 노조 추진 기획단을 시작으로 초대 전공노 교육국장, 전남지역본부 사무처장, 광양시지부장에 이어 중앙 사무처장과 부위원장, 그리고 위원장을 하기까지 세 번의 현행범 연행과 구속영장, 수차례의 징계 등 숱한 탄압을 받기도 했다. 전과 7범의 훈장까지 달았다. 그러나 후회는 추호도 없다. 선택도 나의 몫이었고 보람도 나의 것이었으니까.

사회적 합의 주도한 전공노위원장

2014년 4월부터 2015년 5월까지 나는 전국공무원노동조합 위원장을 맡았다. 10여 년 전의 일이지만 그때를 떠올리면 23년간의 노조 활동 중 가장 책임이 막중한 만큼 힘들었던 시기이기도 했다. 노조위원장으로서 분명한 역할을 했다고 자부하는 게 있다면 공무원노조 역사에 있어서 하나의 획을 그어 놓았다는 사실이다. 지금도 나 자신에게 '그때 참으로 최선을 다했다'라는 말을 해줄 수 있을 것 같다.

2014년 11월, 12만 명이 모인 공무원노조 역사상 최대 규모 집회에 이어 2015년 3월에 5만 명, 5월에 3만 명이 넘는 공무원들이 모여 국민연금 강화와 공무원연금 개혁안에 반대하는 대규모 집회를 열었다. 정부와 여당이 국민연금 강화에 대한 입장을 내놓지 않자 우리의 요구를 관철하기 위한 결의대회를 가졌다. 물론 대규모 집회 과정에서 경찰과 마찰을 빚기도 했지만 우리는 국민연금 강화와 기초연금 확대 등을 통해 국민과 공무원의 노후 생존권을 지킬 것을 촉구했다. 또, 정치권의 최종 타협이 직업공무원제의 특수성을 고려하지 않았다며 총파업 등 총력 투쟁을 펼칠 것이라고 밝혔다. 실제로 그해 여당인 새누리당 당사 앞에서 농성과 지도부 삭발과 단식, 국회 앞 농성 등 다양한 투쟁을 벌였다.

노조는 무조건 시위만 하는 단체가 아니다. 우리가 장기 농성과 투쟁을 벌인 이유는 분명했다. 당시 가장 큰 문제는 공무원연금 개혁이 밀실로 추진되고 있었다는 것이다. 정부와 여당은 연금개혁을 놓고 당사자인 공무원들을 배제한 채, 밀실에서 일방적으로 추진되고 있었기에 이를 비판하기에 이른 것. 우리는 연금개혁이 필요하다면, 당사자인 공무원들과 전문가, 정치인 등을 포함한 포괄적 사회적 대화를 통해 국민적 합의를 이끌어내야 한다는 주장을 굽히지 않았다.

사실 2009년에도 공무원연금법 개혁이 이뤄졌다. 공무원연금법 개혁은 참여정부 시절, 전문가들이 안을 만드는 단계부터 시작됐다. 이후 이명박 정부에서는 일방적 개악 움직임이 있었다. 공무원 노동자들이 대규모 집회 등을 개최하며 투쟁에 나섰고, 이후 사회적 대화의 틀로 전환됐다. 당시 공무원연금제도발전위원회는 정부와 국방부, 기재부, 보건복지부 등을 비롯해 공무원 당사자와 수급자단체, 교수 등 전문가, 시민단체, 법조인 등 모두 참여했다. 여기서 논의된 것을 정부로 넘겼다. 당시 나는 공무원노조 사무처장으로서 공무원연금법 개혁 논의와 투쟁을 주도했다.

2009년 개혁 당시 공무원노조는 내부 아픔을 감수하고 대화의 결과를 받아들였다. 노조가 무조건 반대를 하는 것은 아니다. 우리는 사회적 대화를 요구하는 것이었다. 하지만 박근혜 정부는 이명박 정부보다 훨씬 폐쇄적이고 불통이었다. 모든 것을 밀실로 진행하고 누구든지 배제했다. 결국 공무원노조의 투쟁으로 인해 국회는 당사자와 정부, 전문가, 국회의원 등이 참여하는 공무원연금개혁 특위와 국민대타협기구를 구성했고, 이로써 2015년 5월 2일 공무원연금 개혁을 위한 실무기구는 공무원연금 개혁안에 대하여 합의를 이루었다.

당시 '공무원연금 개혁 및 국민연금 강화 여야 대표 합의문'에서 여야는 이번 공무원연금 개혁 논의과정에서 이해당사자들이 참여하는 '사회적 대타협 방식'이 우리 사회 갈등 해결의 모범적 사례가 되었다는 점에 인식을 같이하며, 공무원 단체가 국가 재정을 위해 고통 분담의 결단을 내려준 데 대해 높이 평가한다고 했다. 또 여야는 국민대타협기구 및 실무기구의 '공무원연금 개혁안' 합의를 존중하여 '공무원연금법' 개정안을 5월 6일 본회의에서 처리하고, '공적연금 강화와 노후 빈곤 해소를 위한 사회적 기구(이하 사회적기구)'를 구성해 8월 말까지 운영키로 했다. 이를 위해 필요한 사항은 국회 규칙으로 정하여 5월 6일 본회의에서 처리키로 했다.

전공노로서는 성과를 운운하기 이전에 의미있는 일이 아닐 수 없었다. 당시 합의문 내용에서 가장 큰 사회적 합의는 국민연금 소득대체율을 50%로 인상하고, 보험료는 1%를 더 내는 합의였다. 그러나 그 사회적 합의는 정부가 지키지 않았다. 당시의 합의가 지켜졌으면 국민의 노후는 한층 더 풍족해졌을 것이다.

공무원연금에서는 '기여율과 부담률'에 있어서 공무원의 기여율과 정부의 부남뮬은 현행 기준소득월액의 각 7%에서 9%로 인상하되, 5년 동안 단계적으로 인상하기로 했고 '연금지급률'을 2016년부터 현행 1.9%에서 1.7%로 인하하되, 20년 동안 단계적으로 인하하도록 했다. '공직 내 연금 격차 해소'를 위해서는 연금액 산정 시 국민연금과 같이 본인의 평균기준소득월액과 본인의 연금수급 전 3년간 평균 기준소득월액을 감안하되, 공무원 평균기준소득월액의 반영에 따른 연금액의 변화는 국민연금 산식비율의

50%~100%의 범위 내에서 공무원연금개혁특별위원회에서 논의하여 결정키로 했다. 또 '연금지급개시연령'은 2033년까지 65세로 연장하되, 2022년부터 단계적으로 연장키로 했다. 이외에도 유족연금 지급률, 연금액 한시 동결, 기준 소득월액 상한 하향 조정, 연금 지급정지제도 강화, 연금 수급요건 조정 등이 합의문의 주요 내용이었다.

우리나라는 다른 선진국과 비교해 공적연금 지출률이 최저다. OECD국가의 공적연금 지출률 평균은 8.4%지만, 우리나라는 0.9%에 불과하다. 이명박 정부 당시 당장 4대강에 20조 이상 쓸 돈은 있어도, 국민의 연금에는 돈 쓰길 아까워했다. 정권의 국정철학이 없기 때문이다. 한국은 OECD 국가 중 노인빈곤율이 압도적 1위인 국가다. 세금으로 연금재정을 보전하는 것은 국가적으로 이익이다. 대다수의 선진국은 세금으로 연금을 보전해 노인들의 노후소득 보장과 내수경제가 순환되는 효과를 거두고 있다.

지난 2023년 5월 30일 광양뉴스와 인터뷰를 가졌다. 기자는 기사 말미에 나를 두고 이렇게 말했다.

"지난 2015년 공적연금강화공동투쟁본부 대표로 재임하던 시절 공무원연금개혁에 사회적 합의를 주도하며 정권교체에 기반이 되었다는 평가를 받은 바 있다."

23년간 노동조합의 일원이자 리더로 활동해온 시간은 더없이 행복했고 보람된 일이었다. 나와 동료는 물론이고 우리 노동자들을 향해 꼭 필요한 역할이었고 우리 사회를 이끌어온 한 축이었다. 설령 내가 아니더라도 누군가는 반드시 해야 할 일이었기에 오늘의 내 자화상에 한 점 부끄러움이 없다.

step3

내 인생, 최고의 서포터즈

인생이라는 길을 걷다 보면 '나는 혼자가 아니다'라는 것만으로도 가장 힘이 되는 존재가 가족이다.
공무원 초기에 같은 공직자로 만나 어느덧 40년 가까이 함께 걸어온 아내는 언제나 내 삶의 최고의 서포터즈였다.

공무원으로 함께 해온 아내

열아홉 살 겨울 공무원 1년 차였던 나는 읍사무소에 근무하고 있었다. 업무에 임한 지 불과 6개월도 안 된 시기였으니 부서 내에서는 당연히 막내였다. 일을 잘하고 못하고를 떠나 나이 어린 풋풋한 신입이었기에 선배들은 마냥 귀엽게 또 반가운 시선으로 대해 주었던 터라 업무가 힘들다거나 조직 생활이 불편하게 다가오지는 않았다. 그런데 이변이 생겼다. 어느 날 읍사무소에 새로운 얼굴이 나타났다.

단발머리 소녀는 나보다도 한 살 더 어렸다. 고등학교 졸업을 앞

둔 여고 3학년생이 아르바이트생으로 합류한 것이다. 전산 관련 자료 입력을 위한 타이핑을 하는 앳된 소녀는 차분하면서도 순수함 그대로 드러나는 사람이었다. 나도 그녀도 그야말로 피가 끓는 청춘이니 눈 한번 마주치면 왠지 불편한 듯하면서도 싫지 않은 그런 만남이었다. 다만 이제 막 신입직원으로 업무를 배우는 나로서는 소녀에 대한 이성적인 감정을 느낀다는 자체가 언감생심일 수밖에. 선배들의 눈도 눈이지만 학창시절에도 이성 교제는 그다지 관심 밖의 일이었기에 '앳된 예비 숙녀'라는 시선 그 이상의 감정선을 만들 일은 없었다.

우리는 각자의 일에만 집중했건만 정작 묘한 분위기는 짓궂은 선배들이 만들어놓고 말았다. 그들은 막내 동생 같은 두 사람에게 장난 섞인 농담을 수시로 던졌다. 처음에는 한 귀로 듣고 한 귀로 흘려버렸다. 그러면서도 조금은 부끄러워 얼굴이 발갛게 변하기도 했다. 내가 이쯤이었으면 아르바이트 소녀는 더 그러했을 터이다. 예전이니 이마저도 사무실 내 분위기 전환의 양념처럼 통했을 터이다. 지금이라면 곧장 성희롱으로 신고하고도 남을 일이다.

말이 씨가 된다고 했던가. 소녀는 그 겨울 몇 달 아르바이트를 하고 그 이후에는 상용직으로 일을 계속했다. 한 살 터울의 우리는 자연스럽게 가끔씩 만나서 차를 마시고 밥도 먹는 사이가 되면서 시쳇말로 요즘 젊은이들이 말하는 '썸 타는 남녀'로 바뀌어 갔다.

이런 우리의 만남을 지속 이어준 데는 '공무원'이라는 세 글자가 한 몫을 거든 게 분명하다. 고등학교 졸업 후 소녀는 공무원 시험에 도전했고 몇 년 후 같은 직업을 갖게 됐다. 광양 내에서 같은 공무원 생활을 하게 됐으니 '아' 하면 '어' 하고 주고 받을 대화가 어디 한두 가지였겠는가. 공통분모로 삼을 대화거리가 많으니 이해하고 의지하는 간격도 점점 좁혀지는 것은 아주 자연스러운 일이었고 시간이 흐를수록 정과 애정이 피어나는 것은 정해진 수순이 됐다.

'7년'이라는 긴 연애 끝에 1995년 우리는 부부가 됐다. 1남 1녀의 두 아이가 어느새 20대 중후반의 청년으로 성장했으니 30여 년의 시간을 함께해 온 셈이다. 청춘의 시기에 무던하게도 나만 바라보고 기다려준 아내다.

'천사표' 아내는 오늘도 영업중

20년 가까이 되는 취미생활 하나가 있다. '요섹남' 정도는 아닐지라도 '요리 좀 할 줄 아는 가장'이라는 소리는 자주 듣는다. 요리 덕분에 가족들로부터 인기를 한층 올려놓았다고 해도 과언이 아닐 것 같다.

음식 준비는 주로 주말에 한다. 딸이 종종 김밥, 스테이크, 피자 등 다양한 요리를 만들어달라고 하면 즐겁게 만들어준다. 결혼기념일이나 가족 생일에는 하트 모양까지 연출한 요리를 선보이고 부모님 생전에는 생일상을 직접 차려드리곤 했다. 가끔 아내가 휴일에 당직을 서면 직접 도시락을 싸서 갖다 주기도 한다. 레시피 공유가 워낙 잘되는 현실이고 보니 마음만 먹으면 웬만한 요리는 만들 수 있다.

손맛이 중요한 특별한 한식이나 김치는 흉내 내는 정도이지만 가족끼리 외식 대신 집안에서 즐겨 먹을 수 있는 요리는 나름 하는 편이다. 무엇보다도 특별한 날이 아닌 평소 나의 요리는 작정하고 시장을 봐서 재료를 완벽하게 갖추고 하기보다는 냉장고 있는 재료를 최대한 활용하여 그때그때 먹을 만한 음식을 만드는 편이다. 그렇다면 타고 난 걸까? 고백하건대 결코 그건 아니다. 9할은 정성과 노력이다.

주말 요리를 취미로 즐기기 시작한 것은 순전히 아내에 대한 감사의 마음과 가족이 함께 하는 주말 식탁을 위해서였다. 2007년 즈음부터 노조 활동 때문에 서울과 광양을 오가는 생활을 했다. 물론 당시에도 나의 현주소는 광양이었다.

남편의 결정이나 뜻에 늘 긍정으로 서포터즈 역할을 해주는 아내에게 미안함과 감사함이 늘 쌓여 있었지만 정작 말로는 쉽게 표현을 못 하는 쪽이었다. 여기에 한술 더 떠서 주말부부의 길을 걸을 수밖에 없는 상황이었다. 그러니 직장생활을 하면서 두 아이를 키우는 것은 전적으로 아내의 몫이 됐고 나로서는 어떻게 감사한 마음을 전해야 할지 고민을 하다가 가족을 위한 요리를 선택한 것이다.

아내는 예나 지금이나 변함없이 '나'라는 사람에 대한 무한 긍정의 신뢰자다. 종종 나는 주변 사람들에게 '우리 집사람은 천사표 아내다', '내가 하고자 하는 일에 단 한 번도 반대를 한 적이 없다'고 팔불출같이 자랑을 하긴 하지만 과연 내가 아내의 입장이었다면 배우자를 위해 그토록 헌신적일 수 있을지 의문스럽기까지 하다.

아내는 마치 '나는 당신을 위해 존재하고 나는 언제든지 당신편이야'라고 선언한 사람처럼 연애하는 내내 기다림에 익숙한 사람이었다. 스마트폰도 없던 시절이었다. 퇴근 후 ○○ 건물 앞에서 만나기로 약속을 하지만 일 많은 부서에 근무했던 나로서는 약속을 못 지키는 날이 허다했다. 한 시간 정도는 기다림도 아니었다. 언젠가는 급한 일을 처리하느라 서너 시간 늦게 약속 장소에 갔는데도 변함없이 그 자리에서 서 있었다. 불만이나 싫은 내색 하나 없이 나를 반겨주기까지 했다. 감동 그 자체였다.

그뿐만이 아니었다. 주말에는 부모님과 함께 사는 우리 집에 놀러와서 집 청소와 세탁까지 해주고 나도 모르게 빚을 내서 부모님이 필요한 급전을 해결해주기도 했다. 그러면서도 우리는 언제 결혼식을 올릴 거냐고 재촉 한 번 한 적이 없다. 이른 나이에 만났기에 연애 기간이 길었던 이유도 있었지만 모아 놓은 돈도 없는데다 결혼적령기가 아니라는 생각에 차일피일 미루어오던 나였다. 사실은 당시 둘째 형이 미혼이었기에 결혼에 속도를 낼 수 없었던 상황도 작용했다. 그러니 스물일곱이 돼서는 먼저 프로포즈를 하지 않을 수 없었다.

무엇보다도 아내에게 미안하고 감사한 일은 노조에 적극적으로 뛰어들 당시 아이들이 어리고 자신 또한 공무원 입장인데도 불구하고 단 한마디 만류가 없었다. 어느 배우자가 아이들 한창 자라는 시기에 바람 잘 날 없이 위험한 일에 뛰어드는 투사가 되길 원하겠는가. 그러니 노조 활동을 함께한 동료 중 배우자 몰래 활동을 하는 이들을 이해하고 남았으니까. 늘 믿고 응원만 해주는 사람이 나의 아내였다. 많은 인연 중에서도 부부의 연(緣)은 하늘이 맺어준다는 말이 있는데 우리 두 사람이야말로 하늘의 뜻이었고 내게 가장 큰 선물을 주신 것 같다.

아내는 지난해 소상공인이 되었다. 공직을 조금 일찍 마친 후 자신이 꼭 해보고 싶었다는 그는 매일시장 2층에서 커피점을 운영 중이다. 종업원도 없는 1인 사업장이다. 혼자서 만들고 나르고 치운다. 그러면서도 시간만 나면 의자에 앉아 틈틈이 그림과 수공예에 빠져든다.

나 또한 외부활동이 없는 날이면 앞치마를 두르고 커피 서빙을 하거나 청소를 도울 뿐이다. 다만 나는 재래시장과 아내의 가게를 드나들면서 소상공인과 서민경제의 현장에 대한 남모르는 애환과 고민을 알아가고 있는 중이다. 예전에 공직 밑바닥에서 보고 느낀 현실을 노조 활동을 통해 공론화시킨 것처럼 지역사회활동가로서 약자의 편에 서서 일하는데 소중한 씨앗이 될 것이라는 생각이 든다.

step4

나의 길은 지역운동가의 길

지역운동가의 길에 나섰다.
훗날 내가 어떤 자리에 앉게 될지라도 나는 '정치인' 아닌 '지역운동가'로 불리기를 소망한다.
광양시민과 함께 걷는 미래를 디자인하기 시작했다.
신념으로 변화를 이끄는 사람, 나! 이충재의 길은 현재진행형이다.

정치인 말고 지역운동가

고향의 '지역운동가'로 나서야겠다고 마음을 굳힌 것은 노동운동을 할 때부터 일관된 생각이었다. 나는 '정치인'이라는 고유명사보다는 '지역운동가'라는 이름을 달고 싶은 사람이다. 50대로 접어들면서부터 시니어 삶인 인생 2막은 친척의 농지라도 조금 빌려서 텃밭에서 야채라도 가꾸며 고향의 후배들과 어울리고 소통하면서 뭔가 지역사회 지속발전에 도움이 되는 사람으로 살기로 마음먹었다.

2년 전 정치에 참여하겠다고 결정한 순간 지역신문 〈광양신문〉에서 인터뷰를 요청해왔다. 당연히 기자는 '왜 정치에 나서게 됐는가'에 대한 질문을 던졌다. 그때는 거창한 프로젝트를 세워 광양을 전국에서 가장 살기 좋은 도시로 만들어 보겠다거나 어떤 기관이나 시설을 유치해 볼 작정이다는 식의 말은 하지 않았다. 지역 발전에 대한 큰 구상은 있었지만 구체적으로 전략이 세워진 상황도 아니었으니 할 수도 없었고 말만 그럴듯하게 내세우며 허풍을 떠는 정치인이 되고 싶지도 않았기 때문이다. 다만 내 맘속의 진실을 밝혔다.

"정치나 사회 등 국가 전반적으로 양극화가 심해지고 있고 기후, 인구, 디지털 등 복합적인 위기에 처해 있는 현실에서 피해 보는 사람은 약자들입니다. 정치나 기업, 중앙정부에 의지하기 어려운 현실에서 이들을 위하는 것이 지역정치가 해야 할 역할이라고 봅니다. 저는 정치인 대신 '지역운동가'라는 이름과 역할을 추구하는 사람입니다."

사실 과거에 '정치에 참여해달라'는 권유는 여러 차례 있었다. '정치'에 큰 뜻을 두지 않았고 무엇보다도 노동계에서 할 일이 많았기에 수차례에 걸친 출마 권유에도 답을 내놓지 않았다. 노동계를 변화시키고 있는 것도 사회적으로 큰 정치의 일환이라는 생각이 들었다. 다만 지역민들과 만나는 자리에서 가장 많이 들었던 얘기가 다름 아닌 '지역이 바뀌어야 한다'는 것이었다. 이런 말을 들을 때마다 누군가는 나서야 하는데 정치적 야망이 우선이 아니고 지역을 위해 헌신해야 하는 사람이 나서야 한다는 생각을 했다. 그리고 고심했다. 노년 인생을 '지역운동가'로 살고 싶다면 그 시기를 앞당기고 보다 효과적인 방법론을 택하자는 결심을 했다.

나는 한 가정의 가장이다. 내 뜻도 소중하지만 그 누구보다도 가장 가까운 가족이 인정해주지 않는다면 처음부터 큰 산을 넘어야 하는 험난한 길이 아니겠는가. 삶에서 아무리 가치 있는 길을 택한다고 할지언정 '내 편'이 없으면 이보다 고독한 길이 또 있겠는가? 다행히도 나는 복이 많은 사람이라는 생각이 든다.

그 무렵 집에 놀러 온 친구가 말하기를 '정치인의 길이란 게 참 힘든 길인데 최 여사님 생각이 깊어졌겠어요?' 하며 염려를 표하자 아내는 아주 태연하게 말했다.

"뭐 그렇게 크게 놀랄 일은 아니었어요. '드디어 올 것이 왔구나' 하는 그 정도였죠. '왜?'라고 묻지도 않았고 걱정이 앞서지도 않았어요. 함께 걸어온 시간이 30년이 넘습니다. 그간 남편으로서도 한 사람으로서도 '한결같은 사람'이라는 것과 '충분히 고민을 한 후 결정을 내리는 사람'이라는 확신과 믿음이 있거든요."

그간 나는 늘 아내가 나를 믿어주고 어떤 선택을 하든 단 한 번도 반대 의사를 표한 적이 없어서 고마운 사람이라고 자랑처럼 말하며 다니곤 했다. 하지만 정치인의 길을 걷겠다는 것은 여느 선택과는 다르지 않던가. 아무리 배우자의 인성과 능력 그리고 기질을 믿는다고 할지라도 정치인의 길은 어떤 결론이 올지 함부로 예측할 수 없는 일이니 왜 걱정이 되지 않겠는가. 변함없이 '내 편'인 아내에게 감사하고 또 감사할 따름이다. 물론 아내는 마음속으로 응원을 하면서도 한편으로는 부담을 크게 느끼고 있을 게 분명하다.

정치인은 주권자인 시민의 충직한 일꾼일 뿐이다. 그리고 준비된 일꾼이어야 한다. 리더 자체가 목적인 출세주의 정치인은 결국 자신도 지역도 망치게 될 것임을 너무나 잘 안다. 그래서 정치인은 출세주의자가 아닌 지역운동가여야 한다는 것이다.

이제는 광양시민을 만나는 시간이다. 나는 리더이고 시민이 열렬히 나를 응원하는 서포터즈이길 원하지 않는다. 우리는 '광양시민'이라는 공통분모 아래 미래의 삶을 함께 준비하고 만들어가는 동반자이길 소망한다.

1부

광양!
정답은 현장에 있습니다

8인의 시민이 바라보는
광양의 오늘과 내일
그리고 그들이 생각하고
기다리는 시장

지역을 불문하고 국민이 하나같이 소망하는 바가 있다면 안정된 삶, 행복을 체감할 수 있는 삶이다. 이를 위해서는 내가 사는 곳에 안정적인 일터가 있고 지역 행정복지시스템과 교육, 문화, 예술, 관광 등 다양한 인프라가 갖춰지길 원한다.

오늘보다는 더 나은 미래의 광양시를 기다리는 시민들은 과연 시와 시를 이끌어가는 리더인 시장에 대해 어떤 생각과 바람을 갖고 있는지 알아보고자 10대 고등학생부터 2030청년, 50대 자영업자와 직장인, 60대 시니어 등 8인의 광양시민을 만나 다섯 가지 공통질문을 통해 그들의 목소리를 들어보았다.

Q

"광양 성장 정체의 걸림돌은 무엇일까?"

"도시의 성장은 무엇으로 견인되는가?"

"광양만의 차별화를 꾀한다면 어떤 것들이 있을까?"

"광양의 AFTER 20년을 내다볼 때 어떤 모습이길 소망하는가?"

"'시장'은 어떤 사람이어야 하는가?"

50대
자영업자

이나임

(에스테틱 숍 운영)

자칭 '나는 공익제보자다'라고 말하는 이나임씨는 대학교를 다니던 시간 빼고는 광양에서 나고 몸담아오면서 현재 중마동에서 에스테틱 숍을 운영하는 자영업자다. 광양토박이 시민으로서 광양의 복지 사각지대와 건전한 대중문화 부재를 꼬집었다.

광양 성장 정체의 걸림돌은 무엇일까?

평소에도 '왜 광양은 변화가 없는지?', '왜 공장만 돌아가고 문화는 없는지?', '왜 아파트만 자꾸 늘어나는지?'에 대해 의문을 던지곤 한다. 종종 들려오는 소문에는 '산단에 ㅇㅇ가 들어와서 인구가 늘어날 거다'는 식의 얘기가 난무한다. 하지만 결과는 없었다. 개인적인 추측으로는 기획부동산들의 주도하에 새 아파트만 늘어나고 인구 변화는 없는 것 같다.

그러니 나로서는 '도대체 시에서는 광양의 발전과 성장을 위해 무엇을 하는지 모르겠다'라는 말을 하지 않을 수가 없다. 다시 말해 시가 20년 30년 후 시의 미래를 향해 계획적이고 체계적인 발전을 위한 비전 전략을 세우지 못하고 있다는 생각만 든다.

도시의 성장은 무엇으로 견인된다고 생각하는가?

골목상권에 활력이 넘치고 다양하고 건전한 대중문화가 뿌리내려야 한다. 내가 자영업을 하기에 그런지 몰라도 상권이 살아나야 도시에 활력이 넘쳐나지 않겠는가. 지금은 대형프랜차이즈 점포들이 대세다. 독립점포와 프랜차이즈가 공존 공생하는 상권의 조화가 필수인데 지금은 기울어진 운동장이 됐다. 서민들의 생계형 점포들이 갈수록 줄어드는 것이 아쉽다.

다년간 숍을 운영하면서 절실하게 느끼는 한 가지가 건전한 대중문화의 부재다. 우리 숍 간판과 숍 입구에는 정확하게 '건전숍입니다'라는 문구까지 있고 내부에 CCTV까지 설치돼 있다. 그럼에도 불구하고 적지 않은 남성 고객들이 자신들의 성적 욕구를 해소하는 퇴폐업소로 여기고 불편한 언행과 서비스를 요구하는 경우를 수없이 경험했다. 이 얘기는 바꿔 말하면 남성들이 스트레스를 풀 곳 즉 문화공간이나 시설이 부족하다는 것이 아닌가.

광양은 도농복합도시로 보수적인 경향이 짙은 편이다. 상권이 살아나고 다양한 대중문화가 건강하게 확산되는 새로운 광양을 만들어야 하지 않겠는가 싶다. 시와 시민이 머리를 맞대야 한다고 본다.

도시 성장의 핵심으로 광양만의 차별화를 꾀할 수 있다면 어떤 것일까?

대외적으로 '광양이 살기 좋은 도시'로 이미지화돼 있다. 하지만 정작 50년 이상 이곳에 살아온 나는 '광양이 왜 살기 좋은 도시인가?'라는 물음표를 던지게 된다. 도대체 이 말이 어디에서 나왔는지 묻고 싶을 따름이다. 일례로 시가 이런저런 상을 받았다고 하는데 시민인 나는 그에 대한 체감을 느끼지 못했다.

정치 성향을 떠나서 이재명 대통령이 10여 년 전 성남시장 시절 '중학생 무상교복 지원 시작', '출산 시 지원금 지역 화폐 지급' 같은 국내 최초의 획기적인 정책을 내놓았을 때 신선하고 놀라웠다.

타 시와 도에서 실시하는 성공적인 제도를 벤치마킹할 수는 있다. 특히 교육이나 육아 또는 서민지원 관련 정책은 지역과는 무관하게 잘 된 롤 모델 시스템을 받아들이는 것도 좋겠다. 하지만 산업이나 문화와 관광에 있어서 우리 시 광양만의 차별화된 뭔가가 필요하다. 우리는 다른 지역에 없는 독보적인 항만이 있다. 세계적인 항만도시이자 관광도시로 차별화시킬 아이디어를 발굴하면 좋겠다.

광양의 AFTER 20년을 내다본다면?

금요일 저녁이면 많은 이들이 타 도시로 빠져나가는 게 지금 우리 시의 현실이다. 이유는 한 가지다. 주말을 즐겁고 여유있게 즐길 수 있는 문화공간이나 삶의 질을 높여줄 인프라가 구축되지 않았다는 것이다. 주말에 시민들이 타 도시로 가지 않아도 되는 야경이 빛나고 관광객들이 찾아오는 도시, 워라벨의 행복을 구현할 수 있는 도시가 되었으면 한다.

'시장'은 어떤 사람이어야 하는지?

3년 전 아버님 친구가 재가복지 방문 요양서비스를 받던 중 요양보호사로부터 금품 갈취와 성적 학대를 받았다는 사실을 알게 됐다. 의료보험공단과 시청에 공익제보를 했다. 이를 계기로 정책과 제도는 잘 돼 있는데 대상자나 가족들은 그 혜택을 모르고 있다는 사실과 함께 복지사회를 구현하고자 하는 정부의 의도와는 다르게 복지 사각지대가 존재함을 알았다. 지자체나 사회가 노인, 장애인, 다문화가정 등 사회적 약자에 대한 관심을 갖고 관련 제도 관리에 신경을 써야 하는데 그렇지 못하고 있다는 사실에 실망감이 컸다.

숍을 운영하다 보니 지역의 중장년 여성들을 자주 만나면서 소통할 기회가 많다. 그들이 말하는 공통분모 중 하나는 차별받지 않는 일자리에 대한 희망이었다. 결혼 후 자녀 양육과 가사에 전담했던 주부들은 자녀들이 학교를 마치게 되면 일하고 싶어 한다. 그렇다고 그들이 편하고 고액 연봉의 직장을 원하는 것은 결코 아니다. 마땅히 받아야 할 대우를 받는 일자리를 희망한다. 하지만 현실은 그게 아닌 것 같다.

또 한 가지 우리 지역 중장년층 여성 중에는 공단 산업현장의 야간 일자리에 뛰어든 이들이 적지 않다. 문제는 남성 대비 현격하게 낮은 임금을 받으면서 일한다는 것이다. 하는 일에 따라서 임금 차이는 있을 수 있지만 같은 현장에서 일하는데도 불합리한 처우를 받는다면 이건 문제가 아닌가. 이에 대해 불만을 호소하는 이들이 적지 않다.

과연 누가 이 같은 복지 사각지대에 관심을 갖고 또 중장년층 여성 일자리의 불합리한 목소리에 귀를 기울여야 할까?

60대
중소기업인

이영수

(가명. 건설업체 대표)

골약동에서 나고 60년을 살아온 광양토박이 이영수씨는 애향심이 강한 시민이다. 그래서인지 '광양은 인심 좋고 의리도 있는 사람 살기 좋은 도시다'라고 말하면서도 한편으로는 문화, 관광에서는 인근 도시인 순천과 여수에 뒤떨어진 현실을 안타깝게 여긴다.

광양 성장 정체의 걸림돌은 무엇일까?

광양시가 성장 발전을 못한 것은 전적으로 지역구 국회의원과 시도의원 그리고 시장에게 있다고 본다. 광양은 POSCO와 항만이 있다. 두 개의 큰 성장 견인차가 있음에도 불구하고 20년 전이나 지금이나 별반 다를 게 없는 것 같다.

광양시 예산이 10년 전에는 8천억 원이었는데 2025년 예산이 무려 1조 2천억 원에 달한다. 인근 도시 순천은 광양시 인구의 두 배에 달하는데도 1조 6천억 원에 불과하다. 그런데도 광양시는 시민들이 희망하고 건의하는 사업에 대해 예산이 없어서 못한다는 말만 한다. 예산집행은 시장과 시·도의원에게 달려 있다.

시장 한 사람이 광양의 변화를 끌어내지 못한다. 시장, 지역 정치인, 시민이 함께 만들어야 하는데 결론은 이들의 소통과 협력이 제대로 이루어지지 않고 있다는 것이다.

도시의 성장은 무엇으로 견인된다고 생각하는가?

임기가 끝났을 때 시민으로부터 A+ 점수를 받을 수 있는 시장이 있으면 된다. 앞에서도 말했지만 POSCO와 항만이라는 큰 자산이 있으니 시장이 뛰면 된다.

여기서 다음 시장이 선출되면 세 가지를 주문하고 싶다.

첫째, 영업사원이 되어야 한다. 말 그대로 영업사원처럼 부지런히 시 곳곳을 누비면서 일하면 된다.

둘째, 현행 복지시스템에서 사각지대를 찾아내 제대로 관리해주길 바란다.

셋째는 청년들이 일시적으로 광양을 떠났다가도 다시 돌아오고 싶은 도시, 머물고 싶은 도시로 만들어야 한다.

대도시로 공부를 하러 갔다가 그곳에 머물지 않고 다시 고향으로 돌아와 결혼하고 자녀를 낳고 노년까지 살 수 있는 그런 도시가 돼야 한다. 청년들이 눌러앉지 못하는 데는 도시의 인프라가 약하고 그래서 도시가 생기를 잃었다는 것이다.

관광산업의 예를 들면 누구나 공감할 것 같다. 우리 지역에는 매화, 숯불고기, 전어 세 가지 큰 축제가 있다. 전국 각지에서 정말 많은 사람이 몰려오는 것으로 안다. 하지만 그들은 당일치기로 잠시 왔다 갈 뿐이다. 편안하게 자고 맛있게 먹고 즐겁게 놀다 쉬어 갈 수 있는 게 없다는 얘기다.

도시 성장의 핵심으로 광양만의 차별화를 꾀할 수 있다면 어떤 것일까?

순천은 '교육도시', 여수는 '해양도시'다. 그렇다면 광양은 무슨 도시일까. '산업도시'로 보는 게 유력한데 대표적인 산업도시인 포항시나 울산시와는 비교할 수 없을 정도로 규모가 작다.

산업도시로 성장하기 위한 열쇠는 '기업하기 좋은 도시'를 만드는 것이다. 광양은 기업들이 물류비용을 절감할 수 있는 최적의 도시라는 큰 장점을 안고 있다. 허구한 날 '철강'에만 의존할 일이 아니다. 2차 3차산업을 활성화시켜야 한다. 생산라인은 곧 일자리 창출로 이어질 테니까. 설령 중국이나 동남아에서 1차 가공을 해 오더라도 최종 완제품은 광양에서 만들면 여러모로 금상첨화 아닐까 싶다. 철강과 항만에서 파생 그리고 연계될 산업육성은 결국 시장의 몫이 아니겠는가?

광양의 AFTER 20년을 내다본다면

교육, 문화, 산업 이 세 가지가 잘 어우러진 풍요로운 광양이 되었으면 한다.

내 짐작으로는 현재 근로자 1만여 명 정도가 여수 순천에서 광양으로 출퇴근을 하는 듯 싶다. 이유가 뭐겠는가? 교육과 문화가 취약하다는 것이다. 산업 발전 외에도 교육 문화 인프라가 잘 갖춰져야 청년들이 이곳에서 살면서 자녀를 양육하고 살지 않겠는가? 나의 후대들은 꼭 그런 광양에서 뿌리내리길 소망한다.

'시장'은 어떤 사람이어야 하는지?

한마디로 말한다면 '시장은 진심으로 시민을 위해 봉사하고 희생할 마음 다짐이 돼 있는 사람이어야 한다'는 입장이다.

선거 전에는 안부 전하고 인사하다가 시장이 되면 의자에 앉아서 임기만 마치면 된다는 식의 사고를 지닌 시장은 절대 거부한다. 지난 20여 년 동안 세 명의 시장이 있었다. 내가 그들에게 학점을 매긴다면 B학점 정도 줄 수 있는 시장은 단 한 사람이었다. 나머지 두 사람은 C학점이었다.

50대
근로자

김유영

(포스코 협력사 노조위원장)

전북 정읍 출신의 김유영씨는 30년 전 POSCO에 입사하여 20년간 근무한 후 10년 전부터 포스코 협력사에 재직 중이며 노조위원장으로 활동하고 있다. 그는 1985년에 광양 매립지에 착공한 포스코 광양제철소의 역사가 30년이 됐고 광양시에 미치는 영향력은 절대적이라고 밝히면서도 사회적 역할에 있어서는 아쉬움이 있다는 입장이다.

광양 성장 정체의 걸림돌은 무엇일까?

지역사회의 성장은 곧 지자체장의 역할에 달려 있다. 우리 광양시도 마찬가지로 시장의 책임감이 크다고 본다.

시장은 새로운 정책을 추진함에 있어서 시민들과의 소통을 최우선으로 해야 한다. 평범한 시민과 노동자를 적극 참여시켜 그들로 하여금 피부에 와닿는 정책을 펼쳐야 하는데 현실은 그렇지 못한 게 아닌가 싶다. 시의원이나 기업인 등 나름 시에 대한 입김이 강한 이들을 불러서 그들의 의견수렴에만 치중하는 것 같은 인상을 지울 수 없다.

오늘의 광양을 보라. 휴일을 맞이해도 근로자들이 가족들과 함께 쉬고 즐기고 참여할 수 있는 공간도 이벤트도 없다. 이곳에 사는 이들의 현실이 이러하니 외부에서 누가 광양을 찾아오려고 하겠는가?

도시의 성장은 무엇으로 견인된다고 생각하는가?

그 지역만의 특별한 문화와 관광자원이라고 본다. 일례로 아내의 고향이 여수이지만 우리는 광양에서 거주한다. 하지만 아내는 여수에 가서 활동을 많이 하는 편이다. 친정 동네라서가 아니라 광양에서의 활동은 시설이나 환경 자체가 제한적이라고 한다.

부산시를 보자. 인구가 감소한다고 하지만 휴식과 문화 차원에서 갈 곳도 많고 새로운 명소 발굴도 지속되고 있다. 물론 '한국 제2의 도시'라는 규모의 면도 있지만 인구 감소 추세에도 불구하고 나름 다각도의 노력을 기울이는 것으로 보인다.

우리 시가 부족하고 모르는 것이 있다면 국내든 국외든 문화와 관광자원 활성화를 통해 발전하는 도시를 벤치마킹해야 할 것이다.

도시 성장의 핵심으로 광양만의 차별화를 꾀할 수 있다면 어떤 것일까?

주말이 되면 많은 광양시민이 부산과 광주로 나간다. 여기에서 그 답을 찾아보면 어떨까 싶다. 왜 시민이 자신의 도시에서 주말을 즐기지 못하고 두 시간씩 걸리는 다른 도시를 찾아갈까. 그들을 이

도시에 머물게 할 수 있는 그 무언가가 필요하다. 그것은 시가 시민과 머리를 맞대고 찾아내서 추진해야 한다. 비근한 예로 지금 광양에는 종합병원 하나조차 없을 만큼 삶의 질을 높여줄 수 있는 생활 교육 문화 인프라가 없다.

광양의 AFTER 20년을 내다본다면

시민이 현직에서 은퇴 후에도 광양에 머물 수 있도록 사람을 붙잡는 매력이 있어야 할 것 같다. 당장 나 자신부터 그렇다. 몇 년 후 은퇴를 하게 되었을 때 광양이 나를 붙잡아주길 소망한다. 30년 넘게 살아온 제2의 고향이니 나이 들어 새로운 보금자리를 찾고 싶겠는가?

개인적인 입장에서는 도시가 사람을 붙잡는 매력은 두 가지라고 본다. 하나는 노년기에도 일할 수 있는 일자리가 창출돼야 한다. 100세 시대는 현실이므로 80세에도 일과 휴식이 조화를 이룰 수 있어야 한다. 하지만 2년 후 퇴직을 하는 나로서는 20년 후보다도 '은퇴 후 당장 5년을 어떻게 살 것인가?'가 더 급한 과제다. 65세가 돼야 연금을 받는데 일이 없다면 무엇을 하며 살아야 할까?

또 다른 하나는 건강한 노년을 보낼 수 있는 생활체육시설이 다양해졌으면 한다. 포스코 내에는 다양한 체육시설이 있다. 포스코가 광양과 함께 성장하는 기업이라면 이를 시민들에게 개방하는 것도 하나의 좋은 방법이 아니겠는가.

'시장'은 어떤 사람이어야 하는지?

시민 중에서도 특히 사회적 약자에게 더 배려하고 신경을 써야 하는 위치의 리더라고 생각한다.

지금까지 내가 기억하는 광양의 시장들은 하나같이 시작 당시에는 시민의 환영을 받았지만 임기가 끝나고 나서는 비판을 피하지 못했다고 본다. 우리 지역 노동계에서 볼 때 현 시장도 3년 전에는 열 명 중 여덟 명이 손들어 줬지만 지금 와서는 반대로 여덟 명이 실망하고 있다는 생각이다.

시장의 자리는 권력자의 자리가 아닌 시민과 소통하며 시를 이끌어가는 동반자이어야 한다고 본다. 서민을 챙기고 사회적 약자들의 목소리에 귀를 열어놓는 시장이어야 한다.

10대
청소년

황산해

(광양고등학교 2학년)

황산해 군은 광양고 전교 부회장으로 광양시청소년위원회 위원장을 맡고 있으며 교내외에서 밴드동아리 활동을 하는 청소년이다. 2026년이 되면 만 18세로 처음 선거권을 갖고 참여하게 된다. 고등학생이기에 일반 시민과는 다르게 10대의 눈높이에 맞춘 질문으로 대화를 나누었다.

광양의 청소년으로서 생활에 애로점이 있다면 무엇인가?

보통 오후 5시가 되면 하교를 하는데 귀가 시 교통이 많이 불편하다. 버스는 20–30분에 한 대씩 오는데 주변엔 학교가 여러 곳이어서 같은 시간에 학생들이 버스정류장 한 곳으로 몰리다 보니 매우 혼잡하다. 그야말로 콩나물시루다. 이런 문제가 있다는 것을 시에서 알아줬으면 한다.

또 한 가지는 청소년이 즐길 수 있는 문화시설이 태부족이다. 보드게임장도 없고 볼링장은 두 곳 있으나 그곳도 우리 10대가 이용하기에는 어려움이 따른다. 그러니 방학 때가 되면 친구들과 광주 광역시로 문화생활을 즐기러 나간다. 광주 시내를 돌아다니면서 구경도 하고 방탈출게임장 같은 곳에 가서 놀이를 즐기기도 한다. 문화생활을 즐기러 버스 타고 대도시로 가야 한다는 것은 적잖게 서글픈 일이다.

고교생으로서 광양시에 하고 싶은 말이 있다면?

청소년에 대한 혜택이 있었으면 좋겠다. 학교 공부 시 교과서보다 부교재를 많이 활용하고 문제집도 필요한데 이 비용은 학생 각자가 구입해야 한다. EBS 강의는 무료이지만 학생들이 선호하는 나름 잘한다고 하는 소문난 인터넷 강의는 비용을 지불해야 한다. 따라서 학생들이 공부하는 데 필요한 부수적인 비용을 지원해주면 좋겠다는 생각을 한다.

광양시의 성장에 필요한 것을 꼽는다면 무엇이 있겠는가?

AI의 시대가 온 것이 확실하다. 학교에서는 노트북이나 테블릿 PC로 챗GPT를 많이 활용한다. 과제도 하고 수업 시 질문도 한다. 하지만 집에서는 활용도가 떨어진다. 이를테면 영화를 보려고 해도 챗GPT 활용에 있어서 한계가 따른다.

미래 시대는 인공지능이 이끈다고 한다. 그렇다면 광양시에서도 AI를 적극 활용하여 도시 발전은 물론이고 시민들의 삶에도 많은 개선 효과가 나타났으면 한다.

20년 후 광양은 어떤 모습이길 희망하는지?

나만의 꿈이 있기에 젊은 시절엔 광양을 떠나서 더 넓고 큰 무대에서 활동하고 싶다. 대학 공부도 일도. 하지만 훗날 나이가 들고 삶이 힘들고 지칠 때 다시 돌아와 휴식도 취할 수 있는 고향이길 소망한다. 도시도 사람도 온기와 정이 있는 삶의 공간이길 바란다.

또 관광자원을 개발하여 관광객이 많이 찾는 도시가 되고 POSCO 같은 대기업들이 더 많은 일자리를 창출하여 젊은이들이 정착하고자 찾아오는 광양으로 발전했으면 좋겠다.

꿈이 무엇인가?

해군 장교가 되는 것이다. 그래서 해군사관학교와 한국해양대학교 군사학부를 목표로 공부하는 중이다.

정치에 대한 관심이나 참여도는 어느 정도인지?

뉴스를 보면서 생각하는 것은 정치인은 국가를 잘되게 하는 사람이어야 한다는 정도다. 구체적으로 어떻게 해야 한다는 것까지는 모른다. 다만 국가 경영을 책임지는 정치인들이 잘못하면 국민의 한 사람으로서 마냥 지켜만 보지는 않겠다. 지난해 12.3 비상계엄 후 내란사태 관련 시위에 참여하기도 했다.

'시장'은 어떤 사람이어야 할까?

아직은 정치인이나 지자체장의 자질에 대해 관심이 많거나 관련

지식도 부족하다. 다만 분명한 것 한 가지는 광양시장은 광양에 대해 누구보다도 잘 알고 시민들과 소통을 잘하는 사람이어야 한다고 생각한다.

20대
청년

강인균(종합여행사 여행플래너)
이현민(여행사 대표)

20대 후반의 강인균, 이현민 두 사람은 향토사학적 관점에서의 광양에 대한 애정이 남다른 청년들이다. 둘 다 광양사람들이 변화와 성장의 한 축으로 외치고 있는 관광(여행)업계 종사자로서 청년 창업이나 광양의 관광문화 산업 활성화에 대한 열정이 뜨겁다.

광양 성장 정체의 걸림돌은 무엇일까?

강인균_ POSCO라는 대기업에만 집중된 한정적인 일자리, 다양한 역사와 문화가 있어도 이를 활용하지 못하고 있다는 점이다.

광양에 일자리가 다양하지 못하다는 것은 이미 모든 광양시민이 더 잘 아는 문제점이라고 본다. 일자리 창출을 위한 연구와 고민이 절대적으로 필요하다. 2030 젊은층이 포스코만 바라보면서 광양에 머물 수는 없는 일이다.

역사와 문화는 관광산업으로 이어지는 바로미터다. 무턱대고 기존의 것을 부수고 새롭게 만드는 것이 관광산업으로 활용하는 길은 결코 아니다. 역사 문화를 보존하면서 외지인들을 불러들이는 최고의 방법은 있는 그대로의 스토리를 살려내는 것이다.

일례로 21세기 들어 광양에서 다양한 영화 촬영이 이루어졌다. 그중에서도 천만 영화이자 우리나라의 상징적인 역사적 인물인 이순신 장군을 다룬 영화 〈명량〉의 주요 장면이 광양만 해양공원 세트장에서 촬영되었지만, 이 사실을 아는 이들이 드물고 이 좋은 현장을 활용하지 못하고 있다는 것이다. 참으로 한심하다고 볼 수밖에 없다.

이현민_ 시 관련 정책 기획에 관여하는 전문가들의 사고가 닫혀 있는 것이 문제인 것 같다. 일례로 내가 직접 경험한 사례를 들려준다면 이렇다.

관광포럼이 열렸던 적이 있다. 그때 한 발제자로부터 연락을 받았다. '광양에 청년 관광객을 유치하기 위해 어떻게 하면 좋겠는가?'라는 질문을 해왔다. 나는 '전라남도관광투어지역협력사업' 광양/여수 담당 PD였다.

답변으로 "순천에서 농협 옛 창고를 활용한 '청춘창고'라는 청년창업복합공간이 있었는데 성공하진 못했다. 그 실패 원인을 분석하여 우리 시에 '광양형복합몰'을 만들어 보면 좋겠다."고 했다. 하지만 당시 모 대학 교수인 다른 발제자가 나의 제안에 '말도 안 되는 소리'라고 반박했다고 한다.

'광양형복합몰' 제안에는 그럴 만한 이유가 있었다. 당시 우리 시에서는 빈 점포를 활용하여 청년창업자를 모집했는데 아무도 오지 않았기 때문이다. 포스터 하단에는 '공고일 이전에 광양시 거주자이어야 한다'는 사항이 명시되어 있었다. 이건 잘못됐다고 생각했다. 청년 창업 붐 조성이 주목적인데 꼭 그런 전제조건을 내세워야 했는가? 하는 의문이 들었다.

도시의 성장은 무엇으로 견인된다고 생각하는가?

이현민_ 우리 시는 타 도시들에 비하면 관광산업이 취약하다. 스토리가 있는 관광상품을 개발할 필요성이 절실하다. 대표적인 실패 사례로 '윤동주 유고 보존 정병욱 가옥'이다. 광양은 광양사람 정병욱이 아니고 '윤동주'를 내세우는 느낌이 지배적이다. 비근한 예로 '윤동주 백일장'을 열기도 한다. 스토리텔링이 잘못된 사례로 주인공이 바뀐 것이니 이건 아니라고 본다. 정병욱 박사는 평생을 시조 문학 정리, 판소리 녹취로 고전문학을 정립한 인물이다. 그렇다면 정병욱 박사의 뜻을 기려 시조나 판소리를 계승시키는 식이어야 하지 않겠는가.

강인균_ 이현민씨의 의견에 절대적으로 공감하는 바다. 스토리가 있는 관광 개발이 필요하다. 전국에서 사람들이 몰려오는 유명한 빵집 '성심당'은 대전의 명소가 됐다. 가성비나 빵맛으로만 성공한 사례가 아니다. '성심당'에는 '6.25 전쟁과 빈민구제'라는 소중한 스토리가 숨어 있다.

광양이 낳은 유명 작가들, 즉 조선 말 대표적인 시인이자 역사가이며 애국지사인 매천 황현 선생에서부터 유년시절을 광양에서 보낸 소설가 김승옥까지 우리 고장 문학인들의 흔적을 스토리텔링과 함께 문화관광자원으로 활용하는 것은 어떠한지 제안하고 싶다.

도시 성장의 핵심으로 광양만의 차별화를 꾀할 수 있다면 어떤 것일까?

강인균_ 지금까지는 광양의 얼굴처럼 부각된 주된 산업이 '철강'이었다. 세상은 달라졌다. 이제는 산업구조가 바뀌어야 하는 시대다. 기후위기와 함께 지속 가능한 미래를 위해 'RE100'은 전 세계가 주목하고 실천하는 캠페인이 됐다.

광양도 친환경 철강산업으로 전환하는 변화가 필수다. 이를 추진하게 되면 새로운 일자리 창출도 가능하지 않을까 싶다. 이와 함께 항만과 교통(철도)을 연계시켜 '호남 제1의 관문 도시'가 되었으면 하는 바람이다.

이현민_ 무거운 주제인 것 같다. 사실 나는 관광산업에만 관심을 집중시켜 일해온 터라서 그 부문에 대해서는 준비된 생각이나 의견이 없다. 관광문화산업이 광양의 새로운 비전을 이끌 한 축으로 성장 발전하길 바랄 따름이다.

광양의 AFTER 20년을 내다본다면

강인균_ '디테일이 살아 있는 도시'가 돼 있길 희망한다.

앞으로 시를 이끌어갈 리더들이 모든 분야를 촘촘하게 들여다보고 개선을 통한 변화를 이끌어줘야 한다. 요즘 청년들 사이에 회자되는 풍자 문구 '경력이 없는 저는 어떻게 경력직을 지원하나요?'라는 식의 불만은 없어야 한다고 본다.

20년 후에도 내가 기대하고 찾는 광양이 없다면 감히 나는 말한다. 그때는 내가 시장으로 나서겠다고.

이현민_ 그때가 되면 나는 중장년이 되어 있겠지만 도시는 청년이 힘을 불어넣어야 하기에 청년 정책이 잘 갖추어진 청년 정책 선도도시가 되었으면 좋겠다.

개인적인 의견으로 변화되길 바라는 청년 정책의 일례를 든다면 청년지원사업 선정에서 '유사사업 수상실적이 있으면 가산점을 준다'는 것은 납득하기 어렵다. 이제 막 출발하는 청년에게 실적을 요구한다는 자체부터가 이해가 안 된다. 또 수의계약에 있어서 여성과 장애인은 5천만 원 이하까지 가능하지만 청년은 2천만 원 이하까지만 가능한다. 이는 불평등하다고 본다. 손에 쥔 것 없이 시작하는 청년도 여성이나 장애인처럼 취약계층이긴 마찬가지가 아니겠는가.

한편 청년정책과 함께 여성과 장애인, 다문화가정 등 약자를 위한 정책도 시스템이 확고하게 갖춰져 운영되길 바란다.

'시장'은 어떤 사람이어야 하는지?

강인균_ 지난 7월 이 대통령이 '5급 신임 관리자 과정 교육생' 특강에서 "공직자들이 의무로 주어진 일 외에 책임질 여지가 있는 일은 절대 안 하기로 마음먹기 시작했다."며 "이러면 사회가 경직된다. 이게 지금 대한민국 공직사회의 가장 심각한 문제다."라고 우리 시대 공직사회 풍토를 꼬집었는데 여기에 100% 공감했다.

사회에 나와 내가 지켜본 공직사회는 '민원이 들어가야 움직이는 곳'이었다. 시민들을 위해 일하고 봉사하는 공직사회 분위기를 만들려면 어떻게 해야 할까?

첫째는 공무원들이 일을 자발적으로 찾아서 하도록 조직문화를 바꿔야 하는데 그 역할은 바로 시장이 해야 한다. 둘째는 소통이다. 권위주의적인 관습을 버리고 현장에서 시민의 목소리를 들어야 한다. 시장이 먼저 수첩을 들고 민생 현장을 누비면서 모범을 보이면 직원들은 따라가기 마련이다. 셋째는 이 두 가지 제안을 실행으로 옮기면서 혁신 바람을 몰고 와야 한다. 나는 이런 시장을 원한다.

이현민_ 두 단어로 말하고 싶다. '일반인', '서민'.

정치인이나 고위직 공직자로 수년간 인생을 살아온 사람들은 시민의 삶을 알지 못한다. 자기 자신이 보통사람으로서 살아온 경험이 있어야 시민과 내 이웃의 애로점이 무엇인지 알지 않겠나?

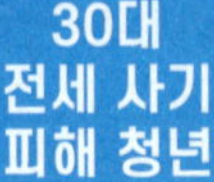

황순원(직장인, 광양시 전세사기비상대책위원장)
남소라(외식사업 자영업자)

몇 년 전부터 전국 곳곳에서 전세 사기가 극성을 부리는 가운데 광양에서도 많은 전세 사기 피해자들이 나타났다. 어느 집계에 따르면 광양시는 전국에서 역전세 · 깡통전세 비율이 높은 지역 중 하나로, 주택도시보증공사 자료에 따르면 연립 다세대주택 전세가율이 90.4%로 전국 5위로 나타났다. 황순원, 남소라 두 사람은 사회에 나와 결혼과 육아를 준비하고자 하는 30대 청년으로 안타깝게도 '전세 사기 피해자' 당사자가 됐다.

광양 성장 정체의 걸림돌은 무엇일까?

황순원_ 청년들이 광양을 떠나지 않고 광양에서 자립할 수 있을 때 도시는 발전을 거듭할 수 있다. 하지만 지금의 광양은 주거 문제가 심각한 만큼 청년들을 붙잡아 둘 만큼 확실한 청년 정책이 없다는 것이다.

청년 정책에서 주거는 매우 중요하다. 주거는 생애주기에 있어서 청년이 결혼과 출산으로 이어가는 중요한 축을 담당하기 때문이다. 현재 광양은 임대아파트들이 많은데도 미 분양 신축 아파트들이 많은 편이다. 30평형 기준 2-3억 원대로 전남권 지방도시로서는 매우 높은 가격이며 고가 아파트는 무려 5억 원 수준에 달한다. 이런 현실은 청년들로서는 넘사벽이 될 수밖에 없다.

광양은 전남지역에서는 소득이 높은 도시로 알려져 있지만 이는 되레 청년 자립에는 불리한 여건으로 작용한다. 청년들의 실제 소득과는 무관한 지역 기준이기에 그에 따른 청년지원정책이 당사자들에겐 곧 비현실적이라는 얘기다. 이런 상황에서 전세 사기 피해가 전국 6위이고 70%가 청년이다. 그야말로 청년 자립의 출구가 없는 상황이나 다름없다.

나 자신부터가 그렇다. 취업을 하고 결혼을 꿈꾸던 시기에 전세 사기를 당했다. 나이가 32세이다 보니 결혼한 친구나 지인들로부터 또 현재 나가는 교회의 교인들로부터 '언제 결혼을 하냐?'는 질문을 자주 받지만 할 말이 없다. 거꾸로 결혼과 멀어져가는 느낌이다.

시의 소극적인 행정에 문제가 있다. 전세 사기에 대한 대응만이 아니라 임대주택, 청년 주택에 대한 추진 정책도 마찬가지라고 본다. 전임시장 시절 '29평형 110호' 청년임대주택을 시에서 추진하겠다고 했는데 벌써 5-6년이 지났다. 지금 결과는 어떠한가? 아직도 첫 삽을 뜨지 못한 상황이다. 지난해 언론에 공개된 바에 의하면 지방채 300억 원을 들여 총 500억 원으로 추진하겠다고 했지만 이 또한 비현실적인 건축비(1가구당 5억 원 선)가 논란을 빚으며 제자리걸음 상태인 것으로 알고 있다.

근본적인 문제는 시민과의 소통 부재라고 본다. 이를테면 공청회의 경우 불특정다수의 시민을 참여시켜 의견을 들어야 하는데 그렇지 못한 것 같다.

남소라_ 대기업이 있다고 할지라도 도시 성장의 가장 기본적인 것은 소상공인들이 무엇이든 만들어 팔거나 영업을 하면서 먹고 살 수 있어야 한다. 광양의 현실은 그렇지 못하다. 청년창업 여건만 봐도 미흡하기 짝이 없다.

여수의 경우 점포 보증금이 200만 원이지만 업종 구성이 다양하고 시의 지원 또한 적극적이다. 순천은 점포보증금이 100만 원으로 균일하고 시가 공과금의 50%를 지원해 준다. 광양은 어떠한가?

시에서 공고를 내고 지원하는 청년 창업 점포(시 지원 빈 점포)의 경우 보증금이 300-500만 원이다. 그럼에도 불구하고 재창업 열정을 안고 면접을 봐서 수백 명 중에 선정된 적이 있다. 하지만 시장측 관계자로부터 권리금 700만 원을 요구받았고, 상인회조차도 통상 그렇게 한다고 했다. 정말 어이가 없어서 말이 안 나왔다. 시청에 찾아가 사연을 말했더니 돌아온 대답은 '우리는 매뉴얼대로만 합니다'라는 말뿐이었다.

언론에 비치는 광양의 이미지는 마치 '아이 양육하기 좋은 젊은 도시'처럼 소개되지만 청년창업 지원시스템조차도 이러한데 과연 맞는 말인지? 광양 성장의 걸림돌이 어디 한두 가지일까 싶다.

소상공인의 먹사니즘과 관련하여 또 한 가지 하고 싶은 말은 'POSCO는 과연 광양의 상생 파트너인가?'라고 묻고 싶다. 이미 9년 전부터 광양에서 점포사업을 했기에 직접 체감한 사실에 기초하여 밝히는 의문이다. 부정기적으로 법인카드 사용을 금지시키고 직원들 외식 여부까지 관여하는데 왜 그렇게까지 하는지? 이미 광양시 소상공인들에게는 널리 알려진 내용이다. 이에 대해 POSCO가 어떤 답을 내놓을지 궁금하다.

도시의 성장은 무엇으로 견인된다고 생각하는가?

황순원_ 지금까지는 경제가 도시의 성장의 척도였다면 앞으로는 기후와 인구가 가장 중요한 화두가 될 것이라고 생각한다. 이는 노력한다고 당장 해결될 것은 아니지만 전 세계적으로 맞닥뜨린 현실이기에 우리 시에서도 긴장을 하고 장기적인 차원에서 준비해야 할 과제라고 본다.

특히 광양은 기후문제에 있어서 POSCO가 있는 한 결코 자유롭지 못하다. 물론 언론에서는 포스코가 탄소배출 저감을 위한 노력을 하고 있다고 보도하고 있지만 포스코는 앞으로 더 과감한 투자로 선제적 대응을 해야 하지 않을까 싶다. 광양시는 기후정책과 산업정책을 보다 촘촘하게 기획하고 준비하여 포스코와 시민이 함께 잘 사는 공존의 도시, 미래의 도시로 발전해야 할 것이다.

남소라_ 여순 순천은 내세울 것이 있는데 광양은 없다. 젊은층 인구가 늘고 관광객들이 찾아와야 '이 도시는 뭔가 다르다, 활력이 넘친다'는 생각이 들 텐데 광양의 지금은 그것과는 거리가 멀다.

축제는 사람을 불러오는 가장 큰 테마다. 광양에는 '매화축제'가 대표적인 축제로 불리지만 주변 친구들 얘기를 들어보면 축제에 대한 체감과 공감을 못 느낀다고 한다. 시내 소상공인들에게도 뭔가 지원이 이루어지면서 축제 분위기가 도시 곳곳에서 느낄 수 있어야 하는데 그렇지 못하다는 얘기다. 매화축제에 젊은층이 와도 길호대교 입구 모텔촌의 비용이 인근 도시에 비해 저렴해서 이곳에서 잠만 자고 여수 순천으로 넘어간다는 소문이 자자하다. 볼거리가 있으면 먹거리, 즐길거리로 이어지는 관광시스템을 구축해야 하지 않겠는가. 앞으로도 변화 없이 이대로 갈 것인지 그저 걱정스러울 따름이다.

도시 성장의 핵심으로 광양만의 차별화를 꾀할 수 있다면 어떤 것일까?

황순원_ 타 지역에 사는 지인이나 친구들과 대화를 하다 보면 이런 식의 말이 오간다.

"광양이 어디야?"

"광양! 순천 옆에 있는데 POSCO가 있는 도시지."

순천은 '순천만'으로 이미 잘 알려졌지만 내가 사는 도시 광양은 딱히 이렇다 할 테마가 없다. 산업도시라는 이미지밖엔.

최근 1-2년 새에 '김천시'가 '김밥' 하면 떠오르는 도시로 유명해졌다. 김밥축제를 열면서 대외적으로 빠르게 도시 이미지를 새겨 놓았다. 광양에는 먹거리 축제로 '불고기'가 있지만 이건 젊은층들에게는 파급효과가 없다. 비싼 쇠고기축제에 찾아올 청년들이 얼마나 되겠는가?

현재로서는 딱히 '여기가 광양'이라고 내세울 것이 없다. 없으면 만들면 되고 시각적으로 홍보하기 나름이다. '라벤더축세'나 '외인축제'가 있지만 전혀 알려져 있지 않다. 광양만의 차별화를 노릴 수 있는 축제를 만들고 효과적인 홍보를 통해 사람들이 찾아오는 광양으로 탈바꿈되길 소망한다.

남소라_ 전세 사기를 당한 후 먹고 사는 문제가 더 시급한 나로서는 사실 내가 처한 현실 때문에 도시의 차별화 대안까지 생각하기 어려운 상황이다. 다만 결혼한 친구들 얘기를 들어보면 광양이 아이 키우기 좋은 도시로 알려져 있건만 현실은 그 반대라고들 한다. 임산부 4명 중 3명은 여수나 광주에 있는 병원에 다닌다고 한다.

왜 그럴까? 이러고도 '광양은 아이 키우기 좋은 도시'라고 홍보할 수 있을지 의문이 간다.

광양의 AFTER 20년을 내다본다면

황순원_ 많은 것을 원하지 않는다. 앞으로 결혼을 하고 안정된 삶을 추구하고자 하는 나로서는 집 앞에 마트가 있고 일주일에 한 번은 가족들과 외식을 즐기고 소소한 행복을 누릴 수 있는 곳이었으면 한다. 더욱이 전세 사기 피해자인 나로서는 화려한 것, 새로운 것보다도 더 소중한 가치가 평범한 일상을 누릴 수 있는 도시이자 곧 내 삶의 터전이길 바랄 따름이다.

남소라_ 아파트는 그만 들어서고 시민은 물론이고 외지인들까지도 '광양은 바다와 산이 공존하는 아름다운 도시'라는 말이 나오는 자연과 잘 어우러진 도시였으면 좋겠다. 다시 말하면 불편한 개발은 멈추고 아이들이 자연 속에서 뛰어노는 도시이길 소망한다.

요즘 중고등학생인 조카들 얘기를 들어보면 신축아파트 가격이 비정상적으로 높은 가격에 거래되면서 이에 따라 10대 자녀들이 또래 아이들과의 사이에서 느끼는 빈부격차 또한 심해지고 있다고 한다. 이건 아니잖은가?

'시장'은 어떤 사람이어야 하는지?

남소라_ 청년이든 주부든 시민이 원하는 시장은 시민의 소리를 가까이서 듣고 함께 소통할 기회를 자주 마련하는 사람이어야 한다고 본다. 시민의 삶에 어떤 문제가 발생하든 당장 해결하거나 도와주지 못할 수 있다는 것 이해한다. 다만 적어도 문제를 풀어가는 데 쉽게 가는 길을 찾을 수 있게는 도와줘야 하지 않겠는가?

지난 몇 년간 나는 시장과 시에 대해 불신을 갖지 않을 수 없는 한 사람으로 살고 있다. 지금도 그렇다. 고향이 진주인 나는 9년 전 타지에서 대학을 졸업한 후 부모님이 정착하신 이곳 광양으로 내려왔다. '살기 좋은 도시'라는 말을 듣고 내려와 중마동에서 음식점을 창업해 운영했다.

초기 3년 동안 배달앱에서 1위 점포를 차지할 정도로 맛과 서비스에서 인정을 받았을 정도다. 결혼은 하지 않았을 뿐 사실혼 관계로 지내는 배우자가 있는데다 점포사업이 안정권에 들면서 3년 전 새로운 보금자리를 꾸밀 전세집을 알아보았다. 자금이 부족해서 은행에서 대출받아 아파트보증금을 지불했다. 2-3년만 열심히 벌면 대출금을 갚을 수 있다는 희망을 안고 계약을 했건만 얼마 후 알고 보니 전세 사기였다.

앞이 캄캄했다. 나는 자영업자로 열심히 살아온 것밖엔 없는데 소문으로 듣던 전세 사기를 당할 줄은 꿈에도 몰랐다. 사기꾼 임대사업자에게 광양시민 202세대가 160억 원대 사기를 당했는데 내가 그중 한 사람이었다.

발등에 불이 떨어졌으니 행정복지센터의 전세 사기 상담센터는 물론이고 시청 민원실과 관련 부서를 일일이 찾아다녔다. 이로 인해 가게를 비워야 하는 날이 많아지고 그에 따라 매출은 줄어들면서 결국에는 점포운영이 불가능해지는 상황이 됐다. 문을 닫을 수밖에 없었다. 하지만 시나 관련 기관으로부터 내게 돌아온 답은

'지금 우리가 해결해줄 것은 없다'는 것이었다. 더 기가 막힌 것은 상담 지원을 하는 어느 전문가로부터 '처음부터 집을 사지 왜 전세를 택했냐?'는 말도 들었다. 기가 막힐 노릇이었다.

시에 〈시장과의 대화〉라는 프로그램이 있기에 시청을 찾아가 시장님을 만나 대화하고 싶다고 요청했지만 만날 수 없었고 공청회 자리가 있어서 직접 나가 피해사례를 발표하기도 했지만 지금까지 해결된 것은 없고 시나 시장으로부터 이 문제를 해결할 수 있는 방법이나 대안 등 어떤 답변도 듣지 못했다.

지금까지 3년간 전세 사기로 인해 뼈를 깎는 고통을 겪고 있다. '시와 시장은 나를 포함한 전세 사기 피해자들에게 과연 무엇을 도와주었는가?', 아니 '피해를 입은 시민들을 직접 만나 그들의 목소리를 들어주기는 했는가?'

시민의 아픔과 고통을 외면하는 시장은 결코 원하지 않는다. 시민과 소통하고 약자의 편에서 함께 걸어갈 수 있는 그런 시장을 기다린다.

황순원_ 시장의 책무는 매우 무겁다고 본다. 시정 방향성을 정확하게 정하고 거시적인 미래정책으로 추진하되 현안 과제부터 하나씩 풀어나가는 게 맞을 것이다. 무엇보다도 책임감을 갖고 실행으로 옮겨나가야 한다.

하지만 내가 지켜본 지자체 기관장들은 과정은 없고 결과만 말하려는 경향이 지배적이었다. 그러다 보니 성과주의 중심으로 흘러갈 수밖에.

새로운 정책과 사업계획이 수립됐다면 먼저 구체적인 사업내용을 놓고 공론화 과정을 거쳐야 한다. 어떤 정책이든 찬성론자가 있으면 반대론자도 있을 것이다. 반대론자의 의견을 충분히 들어보고 수정 보완할 게 있다면 해야 하고 설득이 필요하다면 그 또한 노력을 기울여야 할 것이다. 이것이 바로 민주 시민사회가 갈 길이 아닌가. 하지만 공론화 과정 없이 인터넷뉴스를 통해 결과나 진행사항만 내보내는 것은 결코 바람직하지 않다는 입장이다.

나도 2023년 9천만 원의 전세 사기 피해를 입었다. 알고 보니 나만이 아니었다. 이에 누구라도 나서야 하지 않겠나 싶어서 시의회에 세부내용을 발송하고 지역방송에 관련 사실을 알렸고 SNS를 통해 같은 피해를 입은 시민들과의 커뮤니티를 만들어 공동대응을 하면서 '광양시 전세사기비상대책위원장'을 맡게 됐다.

지난 2년 동안 활동하는 과정에서 행정과 정치인들에게 대해 무책임하다는 생각을 지울 수 없었다. 전세 사기 피해자 등 사회적 약자들을 진심으로 대해주고, 함께 울어주고, 함께 해결하는 모습을 보여주는 행정과 정치가 되었으면 한다.

주시면

를

하겠습니

2부

광양!
남해안 중심도시로의
비전 세우겠습니다

"문화관광 자원은 인공적으로 만든다고 만들어지지 않는다. 이제부터라도 우리 광양은 천혜의 관광지 백운산과 섬진강을 활용하는 방안을 찾아 나서야 한다. 숨겨진 역사와 스토리를 발굴하고 그것을 관광 자원화시킬 때 불필요한 예산 낭비와 시행착오를 줄이는 일이자 '썬샤인 광양'을 더욱 빛나게 만드는 지름길이 될 것이다."
–'백운산! 지금 이대로, 생활스포츠 성지로' 중에서

"광양만권 방산 · 우주산업 구상은 단순한 지역개발 사업을 넘어, 대한민국이 글로벌 산업 경쟁에서 주도권을 쥘 수 있게 하는 전략적 교두보다. 국가의 미래 경쟁력 제고와 '세계 5대 방산 · 우주 수출 강국' 도약을 위해, 광양시의 미래를 위해 논의를 넘어 신속한 실행에 나서야 할 때다. 물류 · 산업 · 인재가 집적된 광양만권을 미래 산업의 허브로 삼는 것은 결코 허황된 그림이 아니라 현실로 만들 수 있는 최상의 프로젝트인 것이다."
–'방산 · 우주산업 벨트! 광양만권 허브는 따놓은 당상' 중에서

불빛이 살아야 도시가 산다

그리스 아테네! 오랜 세월을 지나온 만큼 이젠 비현실적인 느낌으로 다가오는 교과서에서나 본 파르테논 신전과 아테나 니케 신전이 한밤중 불빛 속에서 선명하게 나타난다. 도심 어디서나 볼 수 있는 이 도시의 최고 야경이다. 아테네를 가본 사람이라면 고대 그리스 폴리스의 핵심적인 기능을 수행한 구획 '아크로폴리스(acropolis)'의 환상적인 매력에 취하지 않을 수 없으니 누군가는 야경을 보기 위해 숙소 예약 시 높은 층을 선택하기도 하고 또 누군가는 밤임에도 불구하고 그곳을 향해 뚜벅이 여행 발걸음을 재촉한다.

세계 3대 미항으로 불리는 호주 시드니의 밤. 도시의 남부와 북부를 잇는 '하버 브리지(Harbour Bridge)' 와 바다 위에 떠있는 듯한 '오페라하우스(Opera House)', 그리고 불빛으로 수놓은 도심의 고층

빌딩들은 관광객으로 하여금 숙소로 돌아갈 시간을 늦출 수밖에 없게 한다.

나름 지구촌 여행을 즐긴다고 자부하는 사람이라면 이 두 도시의 야경이야말로 손가락을 꼽지 않을 수 없을 터이다.

빛은 감정과 감성을 동시에 아우른다. 어둠 속에서 빛나는 불빛은 일상에 지친 이에겐 휴식을 분노에 차 있거나 슬픔에 빠진 이에게는 '안정'과 '위로'라는 감정을 안겨주고 젊음과 기쁨으로 충만한 이들에게는 '낭만'과 '추억'을 선물한다. 굳이 관광명소가 아니더라도 불빛은 도시가 살아 있다는 것을 보여주는 상징적인 존재다. 그런가 하면 그 환한 불빛 앞에서는 가진 자도, 없는 자도, 서양인도, 동양인도 모두가 평등하다.

그래서일까? 어느 국가라고 할 것 없이 하나같이 관광 대국을 추종하는 정부와 도시들은 앞다퉈가며 불꽃축제를 기획하고 야경을 위한 도심 불 밝히기에 여념이 없는 상황이다. 한때는 대중가요의 힘을 업고 젊은이들을 끌어모았던 이웃 도시 여수만 해도 '여수 밤바다'가 그 도시의 상징이나 다름없었고 최근 국내 각 지방의 소도시들은 문화유적지나 역사적인 건물 또는 산책코스를 역사와 불빛을 연결시키고 있다. 성공적인 프로그램으로 자리잡은 서울의 궁투어와 바다를 가로지르는 빛을 뿜어내는 부산 광안대교는 내국인은 물론이고 외국인들에게도 꽤 유명한 관광명소로 자리매김해 있다.

불빛으로 야경이 아름다운 도시들은 대다수가 바다를 끼고 있다. 봄이 제일 먼저 오는 도시 우리 광양은 도시 경계선의 절반 이상이 바닷물 길을 따라 형성된 만의 도시다. 광양읍까지 들어온 물길은 광양항, 국제여객터미널, 와우포구, 망덕포구까지 띠를 잇고 있는데다 그 앞으로 펼쳐진 국가산업단지와 포스코 또한 섬의 모습으로 자리해 있다. 여기에 광양과 여수를 잇는 이순신대교가 바다 사이를 가로지른다. 여수나 통영처럼 바다 위에 크고 작은 섬들이 떠 있지 않더라도 광양의 지리적 여건은 자연이 내린 선물이나 다름없다. 그렇다면 지금 우리 도시의 밤은 어떠한가?

광양의 밤은 지극히 평범하다 못해 고요해서 이 도시가 바다를 끼고 있는 도시인지조차 의심이 들 정도로 '야경'이라는 말 자체가 들려오지 않는다. 현지인은 물론이고 외지인들 사이에도 궁금해하지도 않는다. 포스코의 등장으로 산업도시로 변모하기 시작한 지 어언 40여 년이 흘렀건만 광양의 밤은 잠자고 있는 도시라고 볼 수밖엔. 지난 시간 동안 시를 이끌겠다고 자리를 차지하고 앉아 있던 리더들은 대체 무엇을 했는지 의문을 던지지 않을 수 없다.

가까운 이웃 나라 일본을 보라. 많은 도시들이 해변을 중심으로 형성된 섬나라이긴 하지만 그들은 이미 수백 년 전부터 도시의 구석구석으로 물줄기를 끌어들여 물과 사람이 공존하는 자연의 도시로 만들었고 그 자체만으로도 관광상품이 되어 있지 않은가? 한밤중에도 카메라를 들고 도심 속 물길로 조성된 공원과 명소를 찾는 관광객들이 있다는 사실을 단 한 번만이라도 주목해 보고 그것을 벤치마킹하고자 노력해 본 기관장이나 공무원이 있었을까?

이쯤에서는 나 또한 광양시 공직자로서 오랜 시간을 걸어온 만큼 불빛이 살아 있는 광양시 만들기에 나서지 못한 것에 대한 아쉬움과 부족함에 고개가 숙여진다. 일개 공무원일지라도 시를 위해 빛을 발할 만한 아이디어를 내고 그것이 시의 역사적인 이정표가 되도록 고군분투하지 못했으니 말이다.

혹자는 기후위기 시대에 왠 불빛과 야경 타령이냐고 할 수도 있겠다만 도시를 살리기 위해서는 지금 이대로의 상황을 간과할 수는 없다. 광양의 밤은 새롭게 디자인되어야 한다. 해안선을 따라서 또 도시 속으로 들어온 물길을 따라서 또 랜드마크나 다름없는 이순신대교를 활용한 불빛이 살아 있는 도시로의 전환이 필요하다. 빛과 도시디자인에 해박한 전문가들을 불러 모셔와서라도 전력 낭비는 최소화하되 광양만의 야경의 미를 한껏 발산할 수 있는 프로젝트를 더 늦기 전에 세우고 실행해야 한다.

단, 큰돈을 들여 야간 경관 단지를 위해 새로운 조형물을 만드는 시 예산 낭비는 피해야 한다. 덧칠하지 않은 자연 그대로가 순수한 아름다움을 보여주지 아니하던가. 광양제철소를 중심으로 항만 배후부지의 공장과 건물들부터 야관 경관조명을 만들기 시작하면 광양의 있는 그대로의 모습이 더욱 더 빛날 것이다.

"광양항!
이대로 둘 순 없습니다."

지난 8월 초 며칠 새에 여러 언론사 기자들과 인터뷰를 하고 기고도 했다. 정치에 대한 견해를 밝히거나 개인 홍보를 위한 게 아니었다. 8월 6일자 N신문 칼럼의 제목과 부제목이 그 이유를 대신 말해 준다.

"광양항의 위기"…"수출입 1위 항만 뒤에 감춰진 분식회계식 언어"
-수출입 1위라는 허울 뒤에 감춰진 위기… "거시전략 TF"로 반등 계기 마련해야.

제목만 보면 언뜻 광양항에 대한 불편한 민낯을 공익제보하는 것처럼 비춰질 수도 있고 한편으로는 광양시에 망신살을 입히는 꼴이 될 수도 있다. 그러니 누군가는 '왜 긁어부스럼을 만드냐'는 볼멘소리를 할 수도 있겠지만 나는 있는 사실 그대로를 알리기로 작정했다. 광양만의 미래를 위한 일이자 광양시민사회 전체의 이익을 위한 일이라는 판단에서다. 더욱이 여수광양항발전협의회장을 수행하고 있는 나로서는 당연히 참견하고 또 대외적으로 드러내야 할 책임이 있다.

포스코와 함께 광양의 경제를 이끄는 양대 축의 하나가 광양항이다. 이런 광양항이 위기에 처해 있다. 겉으로는 '수출입 물동량 1위'라는 수식어가 여전히 따라다니지만, 그 안을 들여다보면 위태롭기 짝이 없는 것이다. 지난 4년간 여수광양항의 전체 물동량은 감소세를 보였다. 이는 단지 일시적 하락이 아니라, 전국 항만이 성장하는 와중에 유독 여수광양항만이 후퇴한 것이니 이쯤 되면 단순한 수치 이상이다. 국가 물류 전략과 지역 균형발전 차원에서 본질적 재검토가 필요한 시점이 아닐 수 없다.

물동량 감소 그 자체보다 더 큰 문제는 그 심각성을 감추는 '분식회계식 언어'다. 광양항의 위기를 외면한 채, "수출입 1위 항만"이라는 수식어만 반복되며 마치 모든 것이 잘 돌아가는 듯한 인상을 주고 있다. 결코 그렇지 않다. 환적화물, 총 물동량, 호남권 물류 이동 흐름을 감안하면 이 수식어는 오히려 현실을 왜곡하고 시민들의 눈을 가리는 도구가 되고 있다. 내가 '공익제보자'라는 단어를 앞세웠던 이유이기도 하다.

광양항과 함께 한국의 대표적인 항만인 부산항의 현재를 보라. 부산항은 미래 성장동력과 관련해 최근 그야말로 청신호가 들어왔다. 국가적 차원에서 전폭적인 지원을 받으면서 해양수산부의 실질적 이전과 북극항로 거점항 육성 정책, 그리고 부산 출신 해수부 장관의 임명까지 일궈냈다. 구조적 · 전략적 지원의 결과이며, 지역 정치 · 행정이 긴밀히 협력한 결과의 성공적인 산물이다.

광양항의 현주소는 어떠한가? '광양항'은 중앙정치권의 의제 설정조차 어려운 상황이며 더 심각한 문제는 호남권 화물조차 부산항으로 빠져나가고 있는 현실이다. 이는 단순한 물류 흐름의 변화가 아니라 지역산업 생태계 자체가 타 지역으로 이탈하고 있다는 엄중한 경고다. 광양항은 그간 호남 산업권의 물류 관문으로 기능해왔지만, 지금 이대로라면 그 지위조차 위태로울 수밖에.

새 정부가 출발한 지 이제 5개월이 지난 시점이다. 대선 공약에서 광양항 관련 공약이 거의 없었다는 사실은 정치적 방기(放棄)를 방증한 셈이다. 항만의 미래는 항만공사, 시청, 도청의 행정력에만 기대어 문제를 해결할 수는 없다. 정책은 정치의 영역이며, 중앙정부를 움직일 정치적 동력이 없다면 그 어떤 계획도 실행되기 어렵기 때문이다.

이쯤에서 우리는 무엇을 해야 할까? 나는 '거시전략 태스크포스(TF) 구성'을 제안한다. 광양항의 물동량 증가를 위한 서비스 개편, 북극항로와의 전략적 연계, 호남권 산업벨트의 물류 수요 흡수, 조립 · 가공형 수출기업 유치 등은 개별 부처나 기관이 혼자 설계할 수 있는 일이 아니다. 정책 당국, 정치인, 항만공사, 관련 연구기관, 전문가, 시민사회 등이 참여하는 통합형 전략 기획 조직이 절실하다. 그 무엇보다도 북극항로와 관련한 준비는 지금 당장 시작돼야 한다. 북극항로는 기후 변화로 점차 현실화되고 있으며,

유럽과 동북아를 잇는 새로운 글로벌 물류 루트가 될 것이다. 광양항은 기존 부산항과는 달리 원료 · 벌크 수송 중심의 구조를 가지고 있어 북극항로 화물 거점항으로서의 적합성이 크다. 그러나 이런 구조적 강점도, 전략적 비전 없이 방치하면 무용지물이다.

'거시전략 TF'는 단순한 실무협의체가 아니다. 광양항을 단순한 지방 항만이 아닌 국가 산업물류 전략의 중심축으로 끌어올릴 수 있는 유일한 구조다. 이를 통해 환적화물 유치, 정기항로 개설, 물류 인프라 혁신, 기업 유치 등이 통합적으로 설계돼야 한다. 특히 광양만권 경제자유구역 내 조립 · 재가공 기업 유치는 단순 항만 물류를 넘어 지역 산업의 구조적 전환을 견인할 핵심 요소가 될 수 있을 것이다.

시간이 없다. '늦었다고 생각될 때가 가장 빠른 때다'고 했다. 광양항의 경쟁력이 없으면 광양만권 등 호남의 산업발전은 어렵다. 광양항의 경쟁력은 곧 여수광양권의 산업 경쟁력이자, 전남과 호남의 미래다. 시민의 눈을 속이는 소위 '분식회계' 같은 어리석은 행태로 희망고문을 반복하기보다는, 현실을 직시하고 함께 해법을 도출해 나가야 할 때다. 이는 단지 항만의 문제가 아니라 지역 생존의 문제이며, 곧 국가균형발전의 문제이기도 하다.

철강산업의 대전환과 주택단지 이전

사람들은 말한다. 해마다 여름을 보내고 나면 가장 뜨겁다고 여겼던 지난해 여름이 그나마 올해보다는 좋았던 여름이었다고.

전 세계적으로 기후 위기의 실상이 피부로 느껴지는 지금은 더 이상 과거의 방식만으로는 국가도 기업도 도시도 지속 가능한 성장을 담보할 수 없다는 경고음이 이어진다. 이제는 구조와 시스템의 대전환과 함께 혁신이 급박한 시간이다.

칠강과 항만의 도시 광양은 포스코가 지역경제에서 차지하는 비중이 가히 절대적이다. 다만 글로벌 산업과 통상 환경 속에서 포스코의 지속가능성은 크게 위협받을 수밖에 없는 현실이다. 40여 년을 광양시민과 함께 걸어온 지역경제의 버팀목인 만큼 포스코와 광양의 상생은 모두가 원하는 바람이다.

여수광양항발전협의회를 이끌게 된 이후로 광양의 발전 방향에 대해 고민을 거듭하면서 얻은 두 가지 핵심 축이 있다. 하나는 포스코 철강산업의 첨단산업으로의 대전환이었고 다른 하나는 주택단지의 과감한 이전이다. 이 두 가지가 동시에 추진되어야만 광양은 다음 세대로 도약할 수 있다는 입장이 보다 명백해졌다.

철강산업의 미래를 보자. 전 세계적으로 탄소중립이 산업의 생존조건이 된 지금, 포스코도 수소환원제철 기술 등으로의 전환이 불가피하다. 이 과정은 단지 기술적 전환으로만 해결될 수는 없다. 소재 · 부품 · 장비(소부장), 이차전지, AI 기반 공정 최적화 등으로 이어지는 첨단산업 생태계 조성으로 확장되어야 한다.

이를 위해서는 정부와 지자체, 정치권이 공동으로 연구개발비를 지원하고, 세제 혜택과 규제완화를 추진해야 한다. 하지만 이런 산업전환이 현실화되기 위해서는 공간이 필요하다. 이것이 바로 지금의 주택단지 이전을 다시 생각해야 하는 이유다.

광양제철소 인근의 주택단지는 지난 수십 년간 공해에 시달려온 주민 건강과 재산권, 삶의 질이라는 면에서 한계를 드러내고 있다. 공장이 바뀌면 주변 환경도 바뀌어야 한다. 국책사업으로 해당 주택단지를 이전하고, 해당 부지는 포스코 첨단 산단 및 청년창업 · 벤처 타운으로 육성해야 한다. 포스코의 산업전환 전략 측면에서도 시너지 효과가 클 것으로 기대된다. 광양은 제철소, 컨테이너부두 건설 이후 지난 30년 동안 국책사업이 없었다. 적어도 이 문제에 대해서는 기존의 광양시 정치 행정 지도자들이 심각하게 자성해야 할 일이다.

나는 용강목성지구와 황금성황지구 등을 중심으로 한 집단이주 방식을 제안한다. 이것은 단지 환경문제 해소만이 아니다. 주택도시보증공사의 '8월 미분양 관리지역' 자료에 따르면 광양시가 제외됐다고 한다. 광양시는 2023년 미분양 물량이 1천 세대를 넘으며 관리지역에 포함됐지만, 지난달 기준 970여 세대로 줄어 해제요건을 충족했다는 것이다. 그러나 현장 일각에서는 통계 집계 방식에 한계가 있다는 지적이다. 건설사 자율 신고에 의존하다 보니 '미신고 주택'이나 준공 후 미분양 물량이 빠져 실제 규모와 차이가 크다는 얘기다. 이같은 현실에서 집단이주 정책을 편다면 광양이 수년째 미분양관리지역이라는 불명예스러운 이름에서 벗어나는 데도 크게 기여할 수 있으며, 주택이 필요한 곳에 공급을 집중시키고 장기적으로는 도시 구조 전체를 재정비하는 계기가 될 것이라는 판단이다.

중대한 제안일수록 그저 희망과 상상만으로 그려내는 뜬구름 잡는 일이 되어서는 안 된다. 여기에는 그럴 만한 충분한 타당성이 있다. 이재명 대통령은 수소환원 제철을 공약으로 채택한 바 있으며, 우리 지역구인 순천시 광양시 곡성군 구례군을 대표하는 권향엽 국회의원은 현재 국회 산업통상자원위원회에서 활동 중이다. 중앙정부와 국회, 시역이 서로 연결되어 합심해야 성과를 만들어 낼 수 있다. 그러니 그 기회가 바로 지금이 아니겠는가.

고무적인 것은 지난 8월 전남도가 전남테크노파크에서 이차전지 특화단지 협의체 발족식 및 킥오프(kick-off) 회의를 열어 광양만권을 국가첨단전략산업 특화단지로 지정받기 위한 민 · 관 협력체계를 본격적으로 가동했다는 것이다. 전남도와 여수시 · 순천시 ·

광양시, 포스코퓨처엠 등 도내 이차전지 소재 기업을 비롯해 전남테크노파크, 학계 및 연구기관 전문가 등 20여 명이 참석했다고 한다. 광양만권을 중심으로 리튬 등 원료 확보, 소재 정제, 재활용까지 아우르는 전주기 산업 생태계를 구축하겠다는 목표가 꼭 이루어지길 간절히 바라는 바이다.

광양은 제철소와 항만 건설 이후, 30년 넘도록 큰 국책사업 하나 없이 버텨왔다. 이는 광양 시민 모두의 인내와 헌신이 있었기에 가능한 일이었다. 우리가 원하는 광양의 미래는 거저 오지 않는다. 비전을 세우고, 공동체 전체의 역량을 결집해야 가능하다. 이제는 정부도 그 헌신에 보답해야 할 때라는 목소리를 내는데 우리 시민들도 동참해야 한다.

있는 것이라도 제대로 살리자

천만 영화가 증명해 준 '광양'을 왜 못 알리는가?

"21세기 들어 광양에서 다양한 영화 촬영이 이루어졌다. 그중에서도 천만 영화이자 우리나라의 상징적인 역사적 인물인 이순신 장군을 다룬 영화 <명량>의 주요 장면이 광양만 해양공원 세트장에서 촬영되었지만, 이 사실을 아는 이들이 드물고 이 좋은 현장을 활용하지 못하고 있다는 것이다."

이 책을 쓰기 시작하면서 가장 먼저 시민의 목소리를 듣는 과정에서 관광산업에 종사하는 20대 청년들은 관광홍보를 위한 좋은 자산을 가졌음에도 불구하고 이를 활용하지 못하는 광양시야말로 참으로 한심하다고 볼 수밖에 없다고 꼬집었다. 영화에는 특별한 지식과 혜안이 없는 나지만 공감이 가고도 남는다. 지금 전국 각 지자체들은 굴뚝 없는 공장인 관광산업을 키우고자 혈안이 돼 있다. 인구 감소로 인한 지역경제 침체를 되살리고 지역홍보를 위해서는 관광만큼 좋은 분야가 없기 때문이다.

1979년 12월 12일 수도 서울에서 일어난 신군부 세력의 반란을 막기 위한 일촉즉발의 9시간을 그린 영화 '서울의 봄', 1597년 임진왜란 6년, 오랜 전쟁으로 인해 혼란이 극에 달한 조선중기 왜군에 의해 국가존망의 위기에 처하자 누명을 쓰고 파면당했던 이순신 장군이 삼도수군통제사로 재임명된 후 왜적과의 해전에서 거둔 업적을 그린 '명량', 정체불명의 바이러스가 전국으로 확산된 대한민국에서 긴급재난경보령이 선포된 가운데 열차에 몸을 실은 사람들이 안전한 도시 부산까지 살아가기 위한 치열한 사투를 벌이는 '부산행'. 이 3편의 영화 공통점은 두말할 나위 없이 천만 관객을 달성한 수작이었다는 점 외에도 한 가지 특별한 사실이 있다. 다름 아닌 우리 도시 광양에서 일부 촬영이 진행됐다는 것이다.

이즈음에서 주목해야 할 곳이 있다. 강원도 춘천시 소재 남이섬은 내국인 물론이고 외국인 여성관광객들이 즐겨찾는 한류관광지 중 하나로 유명하다. 여기에는 2천년대 초반 아시아권에 한류 문화 확산의 개척자 역할을 한 드라마 '겨울연가'의 촬영지였다는 사실이 숨어 있다. 첫사랑이라는 운명으로 묶인 세 남녀의 이야기를 그린 이 드라마의 주인공 남녀 배용준, 최지우가 자전거를 타고 또 걷던 모습을 재현하며 사진 촬영을 하고 '욘사마', '지우히메'라는 글로벌 닉네임을 외치며 이 섬에 조성된 각종 시설을 이용하며 한

나절 또는 하루를 즐기는 현장이 됐다.

그렇다면 광양은 무엇을 했을까? 다른 영화는 차지하더라도 적어도 '명량'만큼은 광양을 스토리텔링하기에 더없이 좋은 작품이었음에도 불구하고 호재를 살리지 못했다는 사실이다. 영화를 촬영한 세트장은 이미 사라지고 없다. 하지만 이순신대교와 그 아래에 위치한 이순신 장군 동상과 함께 역사 홍보 공간이 조성된 이순신 장군 유적공원은 역사 교육 현장이자 우리 광양으로서는 관광명소로 내세울 수 있는 더없이 좋은 명소다.

세계적인 현수교, 이순신대교는 전라남도 여수시 묘도와 광양시 금호동을 연결하는 다리로, 전체 길이가 무려 2,260m에 달하며 두 주탑 사이의 거리는 1,545m에 달한다. '1,545m'라는 숫자는 이순신 장군이 태어난 해 '1545년'과 같으니 이 얼마나 좋은 스토리텔링감인가.

현실은 어떠한가? 그곳으로 접근하는 도로는 사람들이 많이 다니는 길이 아니라 POSCO 생산제품을 실어 나르는 화물차만 많이 다니는 길로 광양시민은 물론이고 관광객들은 더더욱 접근이 어려운데다 하다못해 '이순신장군유적지' 혹은 '이순신역사공원'으로 가는 길이라는 작은 안내판 하나 없다는 것이 그야말로 우리를 슬프게 한다.

2023년 11월 뉴스보도 언론사 N의 기사를 보면 이렇다.

"전남영상위원회에 따르면 '서울의 봄' 일부는 광양시를 비롯해 순천, 장성 등에서 촬영했는데 이 중 광양항 스타인벡코리아 부지는 …,

'서울의 봄' 영화에서는 △최규하 대통령 취임 장소 △중앙청-사직공원 주변 상점 △제7889부대 정문 등을 촬영했다."고 한다고 소개한다. 이에 광양시 관계자는 "(사)전남영상위원회의 지속적인 영상물 촬영 유치로 지역경제가 활성화되고, 시민이 영상문화를 향유할 수 있는 기회가 늘어나고 있다."며, "앞으로도 많은 작품이 광양시에서 촬영될 수 있도록 유치에 힘쓰겠다."는 입장을 밝혔다.

2년이 지난 지금 무엇이 달라졌을까? 그 답은 굳에 내가 거론하지 않아도 시민이 알고 있고 시가 더 잘알고 있을 것이다.

매천 '황현'에서 '김승옥' '정채봉'까지 문학인 스토리텔링을 하자

시민의 목소리를 듣는 과정에서 또 하나 내 귀에 울림으로 다가온 것은 여행업계 종사자 이현민씨, 강인균씨의 역사 발굴과 스토리텔링을 통한 관광 상품 개발이었다.

이현민씨는 "우리시는 타 도시들에 비하면 관광산업이 취약하다. 스토리가 있는 관광상품을 개발할 필요성이 절실하다. 대표적인 실패 사례로 '윤동주 유고 보존 정병욱 가옥'이다. 광양은 광양 사람 정병욱이 아니고 '윤동주'를 내세우는 느낌이 지배적이다. 비근한 예로 '윤동주 백일장'을 열기도 한다. 스토리텔링이 잘못된 사례로 주인공이 바뀐 것이니 이건 아니라고 본다. 정병욱 박사는 평생을 시조문학정리, 판소리 녹취로 고전문학을 정립한 인물이다. 그렇다면 정병욱 박사의 뜻을 기려 시조나 판소리를 계승시키는 식이어야 하지 않겠는가."라는 의견을 피력했다.

강인균씨 역시 "스토리가 있는 관광 개발이 필요하다. 전국에서 사람들이 몰려오는 유명한 빵집 '성심당'은 대전의 명소가 됐다. 가성비나 빵 맛으로만 성공한 사례가 아니다. '성심당'에는 '6.25 전쟁과 빈민구제'라는 소중한 스토리가 숨어 있다. 광양이 낳은 유명 작가들, 즉 조선 말 대표적인 시인이자 역사가이며 애국지사인 매천 황현 선생에서부터 유년시절을 광양에서 보낸 소설가 김승옥, 동화 오세암의 작가 정채봉까지 우리 고장 문학인들의 흔적을 스토리텔링과 함께 문화관광자원으로 활용하는 것은 어떠한지 제안하고 싶다."고 했다.

두 청년 얘기의 핵심은 아주 간단하다. 없는 것 만들려고 하지 말고 있었던 사실 또 현재 존재하는 것만이라도 제대로 발굴하고 보존하면서 그것에 광양의 색깔을 입혀 우리의 자랑으로 알리고 더 넓게는 관광상품으로 확대시켜야 한다는 것이다, 이쯤 되면 앞으로 시가 우리의 역사와 인물들의 흔적을 앞으로 어떻게 지키고 유지해야 하며 외부세상에 전해야 하는지에 대한 자각과 함께 그 구체적인 실행에 들어가야 할 일이 아닐까 싶다.

신뢰 잃은 인사 불신, 해법은 있다

지난 6월 말 한 온라인 매체에는 지방의 C시 지자체 무보직 6급 직원 모씨가 시장실 문을 발로 차 부수고 들어가 내부에 있던 컴퓨터와 프린터 등을 던져 파손했다는 뉴스가 실렸다. 그는 발표된 6급 보직 발령 대상자 명단에 자신의 이름이 빠진 것이 이유였다고 한다.

공직에서 30년을 보냈으니 나로서는 공무원 인사제도에 대해 나름 알 만큼 안다고 자신한다. 인사에 대한 불만을 폭력으로 드러내는 것은 결코 정당한 방법이 아니다. 다만 지자체마다 공무원 수가 많게는 수 만 명 적게는 1, 2천 명씩 되니 아무리 유능한 인사권자가 있는 지자체라고 할지라도 불만이 전혀 없을 수는 없을 터이다. 다만 불신보다는 신뢰성의 비중이 더 높게 확보되어야 한다. 공직사회에서의 인사에 대한 신뢰성 여부는 업무에 미치는 영향력이 적지 않고 불신이 높을수록 그 피해의 여파는 시민에게로 전가되기 때문이다. 일터에서 불만투성이인 공직자가 자기 업무에 무슨 열정을 바치겠는가?

그렇다면 과연 우리 시 공무원들의 인사 신뢰도는 어떠할까? 자료를 찾아보니 이건 실망 수준을 넘어 문제 해결이 시급하다는 생각을 지울 수가 없다.

'광양시 공직자 83.6%, 인사제도 불신한다'

2025년 7월 5일자 남도일보의 기사 제목이다. 이는 광양시공무원노동조합이 3월 18일부터 25일까지 진행한 '2025년 조합원·직원 설문 조사' 결과에 근거한 내용으로 이번 조사에는 조합원 및 비조합원 1천75명 중 806명이 응답, 74.9%의 참여율을 기록했다고 한다. 업무 만족도 조사에서 응답자 절반 이상인 53.3%가 '불만족'을 선택했으며 '만족'은 46.7%로 나타났다고 한다. 또 인사제도에 대한 신뢰도에 있어서 무려 83.6%의 응답자가 현행 인사제도를 신뢰하지 않는다고 답한 것으로 밝혀졌다.

인사제도의 신뢰성 추락은 이제 오늘의 얘기가 아니다. 매년 실시하는 이 조사의 공통질문 중 '인사제도의 신뢰성'을 묻는 질문에 '신뢰한다'는 답변의 경우 2019년 48.5%에서 2020년 47.8%, 2021년 39.0%, 2022년 30.6% 등 매년 하락한 것으로 나타났다.

공직자들의 인사제도 불신은 일찌감치 민선시장 등장 이후 보다 표면적으로 드러나고 있다. 이제는 기업 채용에서도 블라인드 면

접이 보편화되었을 만큼 채용 과정에 있어서 세상은 열린 문화로 바뀌어 가고 있는데 지자체 공직 인사권은 시장 한 사람의 절대적 권력으로 이어지면서 진보가 아닌 퇴보의 양상을 보여주고 있는 것이라고 할 수 있다.

인사제도 중에서도 특히 승진 인사는 그 심각성이 곪아 터지기 직전이 아닌가 싶다. 광양시공무원노동조합의 설문 조사 결과에서도 드러났듯이 '인사 업무 중 가장 개선이 필요한 분야'를 묻는 질문에는 '승진인사'라고 답한 응답자가 64.3%로 가장 많았다는 것이 바로 그 반증이다.

공직자 승진 논란은 주로 팀장급인 6급, 과장급인 5급, 국장급인 4급으로의 대상자들 사이에서 자주 야기된다. 인사권자가 시장이기에 대상자들은 직간접적으로 시장선거에 개입하는가 하면 각자의 방식으로 아부를 하게 되는 게 일반적으로 드러나는 문제점이다. 이외에는 총무과, 기획실, 감사실, 회계과, 국서무과 등의 부서가 소위 승진 잘되는 부서로 인식돼 있는 것 또한 불합리한 인사제도의 허점으로 알려져 있다.

시의 공무원 인사는 공정해야 한다. 인사제도에 대한 불만과 신뢰성 저하는 곧 시 행정의 질적 저하와 민원만 양성하는 결과로 이어질 수밖에 없다. 현재 만연돼 있는 '핑퐁문화(?)'를 보자. 민원이든 새로운 프로젝트이든 힘든 일일수록 다른 부서로 서로 떠미는 게 다반사다. 그러는 사이에 피해를 보는 이는 시민일 수밖에 없다는 논리다.

공무원들이 각자 맡은 업무로 시민에게 봉사하는 풍토가 조성될 때 시의 발전도 기대할 수 있지 않겠는가? 공직 경력 30년이 넘는 데다 한국노총 상임부위원장으로서 공무원의 권리와 함께 건강하고 투명한 공직사회를 위해 활동한 나로서는 두 가지 해법을 제시할 수 있다. 하나는 업무영역의 구분이다. 먼저 랜덤식의 순환보직 형태를 지양하고 부서 배치 시 대상자가 가장 잘할 수 있는 부서로 배치하는 것이다. 크게 지원, 현장, 기술 등으로 구분하여 개개인의 적성과 능력에 맞는 일을 할 수 있도록 하는 것이다. 이와 함께 병행되어야 할 또 다른 인사제도는 '신상필벌(信賞必罰)'의 원칙하에 일 잘하는 사람, 즉 성과 중심의 승진구조를 만들고 시행하는 일이다.

시대가 아무리 바뀌어도 모든 조직에서는 예나 지금이나 '인사만사(人事萬事)'라는 말이 그대로 통한다. '인사만사'가 되느냐 아니면 '인사망사(?)'가 되느냐는 리더가 자기 욕심을 버리고 공정성을 실천하고 앞세우냐 그렇지 않느냐에 따라서 결정될 것이다.

국립노치원 설립,
절실하다

초고령사회! 만 65세 이상 인구가 20%를 넘어선 지금 노인복지는 향후 우리 사회가 안고 가야 하는 화두다.

과거 유럽의 복지를 일컫던 '요람에서 무덤까지'라는 말은 국민이 안락한 삶을 유지할 수 있는 사회를 만들고자 하는 우리의 얘기가 됐다. 정부는 초고령사회에 대비해 일찌감치 지난 2008년 7월 1일부터 '노인장기요양보험법'에 근거하여 노인장기요양보험을 도입했고 이에 따라 만 65세 이상 노인을 대상으로 현물급여와 현금급여, 그리고 재가급여를 실시하고 있다. 방문 간호, 방문 요양을 통해 일상적인 생활이 힘든 노인의 여러 가지 수발을 들어주는 재가복지센터 서비스와 일명 '노치원'으로 불리는 주간보호센터가 바로 그 상징적인 결과물이다.

핵가족화로 인한 노인가구와 고령층 1인 가구의 증가는 노인복지와 직결되는 우리의 우울한 현실이다. 여기에 우리의 인구 구조상 노인 인구는 지속해서 증가할 수밖에 없다는 것은 이미 잘 알려진 사실이니 마냥 관망만 할 수는 없는 일이다. 이 시점에서 우리가 관심을 가져야 할 노인복지 현장 중 하나가 바로 주간보호센터다.

거동이 불편하거나 치매로 인해 일상생활이 불가능해지고 누군가의 보호를 받아야 하는 상황이 되면 노인가구와 고령층 1인 가구의 당사자들은 케어를 받아야 한다. 경제적으로 미리 노후를 여유있게 준비한 소수는 '실버타운'으로 불리는 시설로 가지만 이는 우리 나라 노인인구의 단 몇 %에 불과하다. 선택의 여지 없이 다수의 노인이 요양원을 선택할 수밖에 없는 상황이다.

요양원은 목욕, 옷 입기, 화장실 가기 같은 일상생활 활동에 도움이 필요하지만 병원에 있을 필요는 없는 신체 또는 정신 장애가 있는 사람들을 돌보는 곳이다. 노인 누구에겐가는 반드시 필요한 곳이지만 문제는 자발적으로 요양원을 선택하는 이들은 극히 드물고 대다수의 노인들은 '요양원은 곧 내 인생의 종착역'이라는 인식이 강하다는 것이다. 그러니 자식들이나 주변인의 입에서 '요양원'이라는 말만 나와도 고개를 젓는다.

요양보호사로 현재 요양병원에서 근무하는 이양순 작가의 수필집 〈나는 행복한 요양보호사입니다〉에 실린 작품 중 요양원에 함께 입소한 부부의 일상을 그린 '귀가를 기다리는 디아스포라'는 요양원에서 벗어나고자 하는 노인의 실상을 단적으로 보여준다.

"여보 나 집에 갈 거야. 빨리 김 기사 불러줘."

정호 할아버지는 딸의 손을 잡고 들어온 아내를 보고 집에 간다며 보챈다. 잊을 만하면 집에 보내 달라고 떼를 쓴다. 옆에 있던 부인은 보다 못해 한마디 한다.

"우리는 여기서 살아야지, 집으로 가지 못해."

주간보호센터를 들여다보자. 집에서 가족 또는 혼자서 거주하되 오전 8시부터 오후 6시까지 낮 시간은 재활 · 물리치료를 받고 치매 예방과 인지훈련을 받을 수 있으며 동료 노인들과 문화와 여가 활동을 즐길 수 있다. 점심과 간식도 해결한다. 이같은 시스템은 이용 당사자인 노인은 물론이고 그 가족들마저도 매우 만족스러워하고 있다.

이쯤에서 우리가 생각해야 할 것은 바로 이것이다. 주간보호센터의 역할과 운영방식 그리고 지역 분포의 균형 등이 보다 활성화될 때 요양원 입소 시기를 늦추거나 머무는 시간을 줄일 수 있다는 것이다. 당사자들의 정신적 안정에 기여할 수 있고 가족이나 당사자가 부담해야 하는 경제적 비용 또한 크게 절감시킬 수 있다. 특히 조기 치매나 거동 불편한 어르신이 있는 가정의 낮시간 돌봄 부족을 해소시켜 가족의 경제활동과 휴식 제약을 풀어줄 수 있다.

현재 주간보호센터는 국민건강보험공단 장기요양보험의 혜택을 받아 이용할 수 있는 서비스 낮 시간 돌봄을 담당한다. 전체 이용금 중 일부는 국가 부담이고 나머지 일정비율은 자부담이다. 장기요양등급에서 1–5등급을 받으면 본인 부담금이 15%이고 감경

대상자는 9%에서 6%를 부담하며 기초생활수급자나 차상위계층이 여기에 해당된다. 5등급 어르신의 경우 이용료가 월 100만 원이라면 15만 원의 비용을 부담하지만 식비나 간식비는 전액 자부담이므로 최하 25만 원-30만 원 이상의 비용이 들어간다고 봐야 한다.

노인이나 가족들에게는 나름 합리적인 복지시스템이다. 다만 농어촌 · 저밀도 지역엔 민간이나 지자체 운영의 주간보호시설이 한참 부족해 지역 불균형문제가 불거지고 있다. 이를테면 주민 수가 불과 20-30여 명도 안 되는 산간마을이나 작은 어촌마을의 고령자들의 경우 주간보호센터 서비스를 받고 싶어도 받을 수 없는 상황이다.

전국 어디에서 거주하든 어르신이 낮 동안 안전하고 행복하게, 또 가족이 안심하고 일할 수 있는 나라가 되려면 그 해결책은 국가가 직접 책임지는 국립 주간 돌봄 센터 즉 '국립노치원'으로 국립노치원의 설립과 증가는 고령사회 돌봄 격차 해소의 일등공신이 될 수 있다고 . 따라서 나는 국립노치원 설립 · 운영을 공약으로 내세우고 있다.

국립노치원은 단계적 설립으로 1단계는 시범으로 전국 17개 시 · 도별 1곳씩 시범 운영을 하고, 2단계는 확대하여 5년 내 시 · 군 · 구 1곳 이상 보급을 목표로 한다. 그리고 3단계는 전국망으로 읍 · 면 · 동 단위 센터를 구축하는 것이다,

세부운영 방침으로는 낮 시간 돌봄(오전 8시~오후 6시)에 더해 야간 연장반을 시범 운영하고 지금의 주간보호센터가 하는 재활 · 물

리치료, 치매예방 · 인지훈련, 문화 · 여가활동에 더해 지역 보건소와 국립병원 협력 진료가 가능할 수 있도록 의료 연계를 하고 개인별 맞춤 식단을 제공하는 영양 식사와 간호 인력이 동승한 셔틀버스 이동지원을 가능토록 한다는 게 골자다. 이에 더해 국립노치원인 만큼 기초생활수급 · 차상위계층은 이용료 100%를 국가 부담으로 하고 일반 이용자는 장기요양보험 본인 부담금을 현재의 15%에서 5%로 절감시키는 것이 골자다. 또 운영에 있어서는 주체인 보건복지부 산하 국립 고령돌봄원(가칭)으로 하고 정원은 50명 내외로 어르신 5명당 돌봄 인력 1명, 간호사 또는 물리치료사가 상주하는 형태다.

국립노치원 설립 제안에 있어서 여기에 또 중요한 한 가지를 제안한다. 건물을 새로 짓는 것은 지양하고 폐교나 폐원된 유치원을 리모델링하자는 것이다. 이럴 경우 시설 신축 비용의 50%를 절감할 수 있다. 농촌지역의 경우엔 기존의 마을 경로당을 노치원 시범 경로당으로 지정하여 종합케어를 하는 방식도 있을 수 있다.

국립노치원은 노인들의 치매 발병 지연 및 의료비 절감과 함께 가족 돌봄 부담 경감으로 인한 가족들의 노동시장 복귀율을 상승시키고 농어촌 · 저밀도 지역같은 복지 사각지대도 해소될 것이다. 그런가 하면 국가적으로는 장기요양보험 재정 건전성 강화에도 일익을 기여할 것으로 예상된다.

'아이만 유치원 아니고 어르신도 노치원!', '낮에는 국가가, 밤에는 가족이'

‘국가가 책임지는 부모님 돌봄’

이런 슬로건이 노인복지의 현실이 될 수 있길 기대하는 것은 어느 가정 또는 어느 누구만의 욕심이 아닌 모두의 복지로 발전할 것이다.

‘홍보(PR)’!
성공하는 지자체의 견인차다

‘문경시, 춘천시, 김포시, 남원시, 충주시, 부산 기장군, 대구 달서구, 동해시, 여수시, 인천 동구, 서울 성북구, 부산 남구, 서산시’.

“부러우면 진다.”는 농담이 있지만 이들 지자체 이름을 보면서 정말 부러웠다. 올 초 한국미디어영상교육진흥원이 주최한 ‘제1회 대한민국 지자체 홍보대상’을 수상한 지자체들이다. 아니나 다를까. ‘충주맨’으로 공직사회 대변화의 마중물이 되고 SNS를 통한 지자체 홍보의 선구자 역할을 한 충주시와 이미 국내 관광 분야에서는 나름 그 이름값이 상위권인 우리의 이웃도시 여수시는 ‘역시’라는 부러움 섞인 탄성을 자아내게 했다.

올해 홍보대상에는 전국 50여 개 지자체가 홍보영상을 출품했고 이 중 종합대상 및 7개 부문(정책, 축제, 환경, 관광, 역사문화, 사회복지, 안전관리)에서 대상 및 특별상(홍보대사상, 유튜버상)이 선정됐다고 한다. 여수시의 경우 '여수언니'가 특별상인 유튜버상을 수상했다고 한다. 대한민국 대표 관광도시로의 입지를 다지고 있는 여수시는 지난해 약 1,200만 명의 관광객 수를 기록했으며, 2년 주기로 평가하는 '지역관광발전지수' 3회 연속 1등급을 받았다. 솔직히 배가 아플 지경이다. 이웃사촌이 잘나가서가 아니라 내 고향 우리 도시 '광양'은 대체 뭘하고 있는지 사뭇 한심스러워서다.

IT의 발전이 감히 예측조차 할 수 없을 만큼 급변하는 정보화시대다. 국가도 도시도 연예인도 개인도 그야말로 자기 홍보가 안 되면 성장과 발전이 멈추는 시대에 살고 있다. 예능 프로그램에 출연하지 않는 것을 고수해오던 유명연예인들도 새로운 영화나 드라마 작품의 성공을 위해서는 웃고 떠들고 사사로운 일까지 쏟아내는 예능프로그램에 출연한다. 정치인들에게도 유튜브와 숏츠 같은 동영상 SNS는 선거 시는 물론이고 재임 기간에도 중요한 자기 홍보 수단이 됐다. 100만 구독자를 둔 유튜버들이 유명연예인을 능가하는 인기와 수입을 벌어들일 만큼 IT 기술을 활용한 홍보는 한마디로 대세다.

"광양시는 지자체 홍보에서 몇 점이나 받을 수 있을까요?"

만일 이런 질문을 받는다면 몹시 부끄러운 일이지만 내가 나고 자라고 사랑하는 지역임에도 불구하고 "점수를 준다는 자체가 어색한데요."라는 답밖에는 딱히 할 말이 없을 것 같다. 광양시민으로서 하다못해 인터넷 포털사이트 검색에서 '광양시' 세 글자를 두들겼을 때 등장하는 동영상이나 홍보내용이 얼마나 되는지 어떤 것인지 확인을 해본다면 나와 생각이 별반 다르지 않을까 싶다.

시장 후보를 준비하는 과정에서 다양한 계층과 연령대의 시민들을 만나 가장 많이 들은 얘기는 아픈 손가락처럼 여겨지는 관광산업 실패 못지않게 시 홍보 부재였다. 통합 광양시 역사 30년이 넘었다. 그렇다면 광양시는 대외적으로 시를 알리는 일에 있어서 지금까지 무엇을 했는지 묻고 싶을 정도다. '광양은 포스코! 이게 전부였는가?', '그간 시장과 홍보소통실에서는 무엇을 했습니까?' 라고.

광고와 홍보는 엄격히 구별된다. 전자는 직접비용을 들여 광고매체를 통해 상품이나 서비스를 구매하라고 알리는 직접마케팅이지만 후자는 신문, 방송, 사회공헌프로젝트 등을 통해 메시지(스토리)를 알리고 여기에 브랜드와 이미지를 실어 신뢰를 확보하는 일이다. 어떤 스토리를 어떤 방식으로 전하느냐에 따라 비용이나 신뢰면에서 홍보는 광고의 가치를 한참 능가할 수 있으며 특히 최근에 활성화된 SNS를 이용한 메시지 전달방법은 그야말로 핫한 새로운 홍보전략으로 통한다.

지자체 홍보는 크게 언론홍보와 소셜홍보 두 가지 전략에서 답을 찾으면 된다. 언론홍보는 이미 시의 담당 부서에서 조직개편이나 전문인력 양성을 통한 전략을 추진하고, 소셜홍보는 창의력을 발휘할 수 있는 지역 단체와 시민사회 구성원들의 역량까지 끌어모을 수 있는 지혜를 발휘해야 한다. 이를테면 '광양시 SNS 홍보

대상 공모전' 같은 프로젝트를 만들어 관광, 축제, 먹거리, 농업 등으로 나눠 분야별 우수 영상물을 공모하거나 콘텐츠를 공모하여 시상하고 이를 매년마다 개최하는 것도 하나의 방법이 되지 않을까 싶다.

캠퍼스 유치야말로 인재 잡는 선순환 시스템

"도시의 생기와 활력은 어디에서 나올까?"

거두절미하고 아이들의 웃음소리와 청년들의 젊음과 열정이라고 딱 잘라 말해도 좋겠다. 서울과 수도권을 벗어난 지자체 대다수가 이 부분에 있어서 맘 편치 못한 현실이다. 어느 지자체 할 것 없이 신생아 출산인구 절감과 젊은이들의 탈 지방 현상 앞에서 그 해결책을 찾느라 고군분투 중이다.

우리 광양시야말로 지금 발등에 불이 떨어진 상태다. 최근 광양시 출생아 수가 2022년 9월 이후 33개월 만에 다시 세 자릿수를 기록하며, 12개월 연속 인구 증가세를 이어가고 있다는 소식을 접했다. 6월 출생아 수는 100명으로, 지난해 같은 달 62명 대비 38명(61.3%)이나 증가했다는 희소식이건만 현 상황에서 향후 10년

20년 후 광양의 미래에 대한 밑그림을 그려 본다면 결코 웃을 수 있는 오늘은 아닌 게 분명하다.

경제, 문화, 환경 등 도시가 전반에 걸쳐 성장 발전을 유지하려면 지속적인 출생아 수 증가와 함께 청년을 붙잡아두는 교육, 취업 정책이 뒤따라야 한다. 하지만 이미 벚꽃 지는 순서대로 대학이 위축 소멸되고 청년 인재가 서울과 수도권 또는 일부 대도시로 떠나는 현상이 현실이 돼 버린 지금이다. 광양 또한 마찬가지이며 무엇보다도 '대학'이라는 두 글자는 뜨거운 감자가 됐다.

광양시 광양읍 덕례리 199-4번지에 있었던 사립대학 한려산업대학교는 개교 30년 역사도 채우지 못한 채 지난 2022년 2월 28일에 폐교되었다. 사학비리로 불거진 재단의 부실 운영과 등록금 횡령 등의 문제가 커지면서 한려대학교 학교법인 서호학원에 파산 선고가 내려졌다. 엎친 데 덮친 격으로 그나마 유일하게 남아 있는 광양보건대도 설립자의 400억 원대 횡령으로 정부 지원 제한 대학교가 되고, 이로 인해 국가장학금과 학자금 대출이 막히면서 신입생 모집에 많은 어려움을 겪는 사태를 경험했다.

1994년 개교한 광양보건대는 현재 보건, 사회실무, 공업, 예체능 계열 11개 학과가 개설돼 있다. 지난해부터는 전남 광양시민단체협의회가 '광양보건대학교 살리기 시민운동본부'를 발족하며 '시민 1만 원 후원운동' 전개 등 대학 살리기에 나섰다. 그 덕에 2024년의 경우 신입생 수는 전년보다 120% 늘었고, 신입생 모두에게 장학금도 지급됐으며 2025학년도 국가장학금 및 학자금 대출 제한 1년 유예도 승인받았다고 한다. 하지만 여전히 한 치 앞을 내다

볼 수 없는 위태로운 상황이다. 폐교 위기에서도 지역 대학을 살리기 위해 힘쓰는 시민들의 노력이 헛되지 않도록 작은 희망이지만 그 불씨가 부디 살아서 활활 번성할 수 있길 기도하는 수밖에.

한마디로 광양시의 대학교육 현실은 앞이 캄캄하고 난감하기 짝이 없다. 정말 방법이 없을까? 지역사회 전반에 걸친 문제점을 찾아내고 고민하며 새로운 대안을 준비 중인 나로서는 두 가지 방법밖엔 없다는 결론이다. 하나는 광양보건대를 어떻게 해서라도 살려내는 일이고, 다른 한 가지 새로운 전략은 캠퍼스를 유치하는 일이다.

현재 운영 중인 대학들도 학교의 미래에 사활을 걸고 해외 유학생 유치작전까지 벌이는 마당에 새로운 대학 설립을 운운한다면 그야말로 뜬구름 잡는 얘기인 게 맞다. 내가 구상하는 캠퍼스 유치는 신규대학 설립이 아닌 우리 시와 연관성이 밀접한 지역에 소재한 대학의 제2캠퍼스를 광양시에 유치하는 방법이다. 이를테면 이웃 도시의 국립순천대학교의 공대캠퍼스와 포항공대의 제2캠퍼스를 만들자는 것. 그저 상상이나 희망이 아닌 우리 시가 노력하면 얼마든지 가능한 현실이 될 수 있다고 자신하는 바이다. 더욱이 우리 시의 대표적인 자산이나 다름없는 포스코가 있는 한 이를 대학교육과 연계시켜 인재를 양성하는 일은 시와 정치인, 관계자 등 모두의 노력 여하에 달려 있다고 본다.

‘생활민원기동대’ 반드시 필요합니다

“……, 이래서 안 됩니다.”

“예산이 없습니다.”

“지금 당장은 어렵습니다.”

시민들이 토로한 시의 민원대응법이다. ‘감동시대 따뜻한 광양’이라는 시의 슬로건이 무색하게 느껴지는 것은 비단 나만 그런 걸까? 시민들의 십중팔구는 말한다. ‘민원은 많은데 처리되지 않은 민원이 너무 많아 시민들 불만만 쌓여간다’라고. 민원 없는 사회는 있을 수 없지만 민원이 층층이 쌓여가는 사회를 그냥 내버려둔다는 것은 그 사회의 행정 현주소가 낙제점으로 가고 있다는 것이나 다름없다.

2024년 한 뉴스에 실렸던 기사 내용이 기억난다.

"광양시는 소통의 현장성을 높이고 시민이 만들어가는 시정을 펼치기 위해 시민들이 제안한 톡톡 튀는 아이디어 현장을 시민과 시장이 함께 방문하는 '광문현답(光問現答) 시민현장투어'를 추진한다."

이와 함께 기사 후미에는 "광양시는 시민과의 직접적인 민원·제안·건의·소통의 장으로 '광양 감동데이', '시정공감토크', '시민과의 대화' 등 다양한 소통창구를 운영하고 있다."고 소개됐다.

한마디로 아이러니컬하다고 말할 수밖에. 대외적으로 소개된 광양시의 이미지와 실제의 광양시는 너무도 다른 상황을 보여주는 단면이 아닌가 싶다.

많은 광양시민을 만나면서 그들의 민원 불만 속에는 또 하나의 불만 요소가 자리잡고 있다는 것도 알았다. 민원 해결에서의 공정성이다. 시장, 시의원, 언론인, 지방유지를 통해 거론된 민원은 제대로 처리되고, 시민들이 낸 민원은 처리되지 않는다는 것. 이는 결코 떠다니는 소문이 아니었다.

광양시공무원노동조합의 '2025년 조합원·직원 설문 조사' 결과 중 '업무 추진 중 청탁이나 압력, 부당한 지시의 청탁자'로 '시청 간부' 38.2%에 이어 시의원(18.8%), 민원인(15.0%), 기자(13.0%), 기타(7.7%), 사회단체(5.8%), 직장동료(1.4%) 순서로 나타났다.

민원과 관련된 문제는 어제 오늘의 얘기가 아니다. 이미 오랜 기간 동안 누적되면서 이제는 시민들의 피로감과 불신만 고조된 상태다. 시민들의 답답한 속을 뚫어줄 뭔가 시원한 해법이 필요하지 않겠는가.

공무원으로 30여 년을 몸담아온 나다. 나는 그 답을 가칭 '생활민원기동대'에서 찾고자 한다. 국장급 간부를 팀장으로 한 민원 해결 TFT를 만들어 빠르게 최선의 방법으로 해결하는 조직을 신설하는 것이다.

민원이 빈번하게 발생하는 분야는 건설, 건축, 상하수도, 도로관리, 공원관리 등이다. 민원이 접수가 되면 가장 먼저 팀장이 보고를 받은 후 1차적으로 행정처리의 경우 담당 공무원에게 맡기고 소액예산처리로 가능한 것은 시설관리공단(현재는 없으나 향후 필요한 조직)에 일임하면 신속하게 해결될 것으로 판단된다.

물론 민원 중에도 시간적으로 긴급함을 요하는 것이 있고 비용이 투입되어야만 해결 가능한 민원이 있는가 하면 시간을 두고 여러 부서가 머리를 맞대어 풀어가야 할 난해한 민원도 있을 것이다. 그러기에 전담조직이 필요하고 다양한 실무 경력을 쌓은 팀장의 상황 판단과 적극 대응이 요구되는 것이다. 조직이 있고 책임자가 있는 한 적어도 민원이 해를 넘겨 가면서 쌓여가는 일은 없을 것이라고 자신하는 바이다.

생활민원은 제기하는 시민이 많은 만큼 그 유형도 다양할 수밖에 없다. 민원이 많은 부서의 공무원 입장에서는 민원 대응과정에서 많은 시간을 쏟느라 정작 자신의 업무조차 하기 힘든 상황이 적잖게 벌어지기 마련이다. 더욱이 담당 공무원 입장에서는 당장 해결 불가능한 일인데 민원인이 반복해서 자신의 요구를 번복할 경우 담당자 민원인 둘 다 소모적인 민원전쟁(?)이 될 수밖에 없고 시간이 흐를수록 민원인에겐 악감정만 커질 수밖에 없다. 생활민원기동대가 가동된다면 이런 불상사는 없어지지 않겠는가.

한편으로는 안타까움과 아쉬움이 교차된다. 가칭 '생활민원기동대'같은 조직은 시 간부들이 조금만 머리를 짜내도 얼마든지 만들 수 있었을 텐데 지방자치제를 이끄는 풀뿌리 민주주의가 30여 년이 흐른 지금까지도 이런 노력이 없었다는 것에 대해.

4계절 온화한 광양, 생활체육 메카로 '딱'

요즘 젊은층 사이에서 '러닝 크루' 활동이 유행하면서 대도시 곳곳에서 민원이 잇따르고 있다. 서울의 한 지자체는 지역 반포종합운동장 러닝 트랙에서 5인 이상 단체 달리기를 전면 제한하는 규정을 시행하고 있다고 한다. 먹고 사는 것을 넘어 이제는 건강이 화두인 시대다.

100세 시대 건강의 비결 중 최우선으로 꼽히는 것은 꾸준한 운동이다. 남녀노소를 불문하고 건강한 삶을 추구하는 현대인들의 욕구를 반영하듯 생활체육은 이제 하나의 트랜드이자 필수가 되고 있다. 운동 한 가지도 하지 않는다는 말은 어디 가서 입 밖으로 꺼내기조차도 민망스러울 정도다.

문화체육관광부가 발표한 2024년 국민생활체육조사에서는 국민이 가장 즐기는 생활체육은 걷기(34.6%), 헬스(13.1%), 요가 · 필라테스(7.2%) 순이었다. 또 사람들이 향후 가입을 희망하는 체육 동호회 종목으로는 골프(그라운드 파크 포함)가 10.8%로 가장 큰 관심을 받았고, 그 뒤를 이어 요가 · 필라테스 · 태보(9.9%), 자전거 · 사이클 · 산악 자전거(9.5%)가 상위권을 차지했다.

'생활체육'에서 우리가 주목할 것이 있다. 다름 아닌 동호회와 전국대회다. 생활체육의 유형은 걷기, 헬스, 요가, 필라테스, 골프만이 아니라 탁구, 수영, 마라톤, 배드민턴, 배구, 농구, 축구, 볼링, 당구 등등 수십여 가지에 이르며 그 인기와 흐름을 주도하는 것은 다름 아닌 동호회다. 동 단위 지역사회를 기본단위로 다양하게 확산 돼 있는 축구, 배드민턴, 볼링, 탁구, 수영, 스포츠댄스 등은 일일이 셀 수없이 많으며 이에 따라 전국대회도 곳곳에서 개최된다.

최근 들어 시니어들로부터 적극적인 호응을 얻고 있는 파크골프의 경우 이제는 전국 각지 군 단위 지자체들까지 대회를 개최할 정도로 그야말로 춘추전국시대를 맞이하고 있다.

이유는 분명하다. 지역민들의 생활체육 활성화 유도를 통한 건강 도모와 지자체 홍보는 물론이고 또 한 가지 빼놓을 수 없는 것이 경제효과다. 동호인 수가 적은 종목일지라도 전국대회는 전국 각지에서 참가하는 선수 인원만도 수백 명에 달하며 관계자들까지 합치면 1천 명 유입은 기본단위다. 대회가 열리면 기간은 짧게는 1일 길게는 3일이 걸리지만 참여 인구들이 찾아와 자고 먹고 보는 숙박, 음식, 관광 인프라를 따지면 그로 인해 발생하는 경제유발 효과는 결코 작지 않기 때문이다.

일명 '썬샤인(sunshine)'의 도시로 알려진 우리 광양시야말로 생활체육 1번지로 다시 태어나는 것은 그야말로 마음먹기에 달려 있다. 구석기시대부터 존재한 것으로 기록돼 있는 광양은 백제 시대에는 마로(馬老)로, 통일신라 시대는 희양(曦陽)으로 불렸다. 마로는 '우두머리'라는 뜻을 품고 있고, 희양은 '따스하게 빛나는 햇살'이다. 바로 4계절 내내 영하권으로 내려가지 않기 때문에 계절에 상관없이 다양한 실외스포츠 활동이 가능하니 전국 그 어느 지자체보다도 유리한 자연조건을 특별한 선물로 안고 있는 도시인 셈이다.

그러니 광양시는 '남이 장에 가니 나도 따라간다'는 식이 아니라 '우리에게 주어진 천혜의 자연환경을 어떻게 잘 활용할 것인가?'라는 자문자답으로 지혜를 불러올 때인 것이다.

이쯤 되면 '우리는 지금까지 무엇을 했는가?'라는 자성의 시간을 한 번쯤은 가져야 하지 않을까. 생활스포츠는 종목이 많은 만큼 시설 또한 미리 구축해야 할 종목들도 있지만 굳이 큰 돈을 들여 시설을 구축하지 않고서도 기존의 실외 체육공간이나 자연공간을 활용하여 열 수 있는 종목도 적지 않다. 일례로 마라톤, 자전거, 걷기, 트레킹 같은 대회야말로 코스개발만 잘해도 새로운 시설 마련을 위한 비용투자 없이 대회를 성공적으로 이끌 수 있지 않은가? 또 기존의 시설을 재정비하고 보완하여 대회 규격에 맞게 경기장을 마련하여 개최할 수 있는 종목도 많다. 종목 결정과 탄탄한 준비 그리고 실행 의지 이 세 가지만 갖추면 우리 광양이 생활스포츠 1번지로 다시 태어나는 일은 시쳇말로 시간문제 그 자체가 아닐까 싶다.

초고령사회로 접어든 우리 사회에서 생활체육대회 개최를 통한 국민건강의 전도사로 거듭나는 것은 광양만의 축복이 아니라 국가경제 차원에서도 일익을 기하는 일이 될 것으로 기대된다. 보건복지부를 통해 올해 발표된 자료에 따르면 65세 이상 고령층의 진료비가 지난해 50조 원을 넘어서 건강보험 재정 건전성에도 적신호가 켜지면서 2026년에는 적자로 전환될 것이라는 예측이 나왔다. 65세 이상 고령층의 건강보험 진료비 총액은 2020년 37조 4737억 원에서 2024년 52조 1221억 원으로 늘어 4년 새 약 39% 증가했다고 한다. 건보재정이 2027년 이후 본격적으로 적자 전환에 들어갈 것으로 예상된다고 하니 국민건강을 위한 생활체육 붐을 주도하는 것 자체가 곧 애국이다.

이처럼 국민건강은 국가재정은 물론이고 사회적 비용까지 감안할 때 건강과 의료비의 상관관계는 우리에게 매우 중요한 과제가 아닐 수 없다.

다시 말하면 우리 국민 개개인이 건강해야 의료비 손실이 줄어들고 의료비용 손실이 줄어들면 그 비용은 결국 다른 분야의 복지에 사용될 수 있다는 얘기다. 국민 개개인의 건강은 곧 양질의 국민 복지의 다양화에 사용되는 선순환구조를 만들어낼 수 있다는 것이다.

건강하고 행복한 노후의 삶은 생활 속 스포츠와 직결된다는 것을 그 누구도 부인할 수 없다. 스포츠과학 분야에서도 생활스포츠 현장과 접목된 융합기술의 지원책 마련이 시급하다는 목소리가 나오고 있다. 지금이야말로 우리 광양이 생활스포츠의 메카가 되기 위한 기지개를 켜야 할 때가 아닐까 싶다.

축제를 전면 개편합시다

'소문난 잔치에 먹을 게 없다'가 아니라 '잔치는 많아도 소문이 나지 않는다'가 더 맞는다. 광양시의 축제가 그렇다.

여느 지자체와 마찬가지로 광양시도 시 단위 또는 읍, 면, 동 단위로 연중 축제가 열린다. 매년 2월 초부터 고로쇠약수제, 매화축제, 전어축제, 전통숯불구이축제, 국사봉철쭉축제, 광영동 가야산문화제, 태인동 배알도수변공원축제, 금호동 벚꽃문화축제, 광양읍 농업기술센터꽃축제 및 서천변 벚꽃길, 마을 단위 정월대보름축제, K-POP 페스티벌 등 다양한 축제가 봄부터 겨울이 끝나는 이듬해 초까지 이어진다. 가지 수로 보면 그야말로 어느 도시 부럽지않은 축제의 도시다.

한 가지 질문이 던져진다. 그렇다면 과연 이 여러 가지 축제를 외부인들은 얼마나 알고 있을까? 타지역에 거주하는 지인이나 친구들에게 물어보면 답은 더 확실하지 않을까 싶다. 십중팔구는 '매화축제'만 알고 있다는 답이 돌아올 것이다. 광양의 수많은 축제 중 전국 최초의 꽃축제라는 수식어가 붙는 매화축제를 제외하고 전국적 인지도가 높은 축제는 사실상 없다고 해도 과언이 아니다.

이유가 뭘까? 두말할 나위 없이 홍보 부재와 내실 부재다. 대외적으로 홍보가 제대로 됐다면 일단 한 번은 찾아가 보는 게 사람들의 심리이고 소문 듣고 찾아갔는데 볼 것도 즐길 것도 없었다면 내실 부재로 막을 내릴 것이다. 타 도시의 축제이긴 하지만 외국인 관광객들까지 기다렸다가 참여한다는 강원도 '화천산천어축제'가 부러워지는 이유이기도 하다. 지난 9월에 각 읍면 사무소를 통해 내년 축제장 출품용 농특산물 신청을 받는다는 뉴스를 접하면서 대체 얼마나 홍보가 잘되고 성공적으로 이어지길래 대회 4개월 전부터 뉴스에 등장할까 싶었다.

단언컨대 우리는 매화축제를 빼고 나머지 축제들은 홍보와 내실이 두 가지 문제를 해결하지 못한 채 매년 '그 나물 그 밥'이라는 말이 이어지면서 진가를 발휘하지 못하고 있는 현실이다.

여기에 또 한 가지 대다수 지방 축제 현장에서 이미 불거져 나온 문제점이 있다. '재주는 곰이 부리고 돈은 되놈이 번다'는 말처럼 개회식과 가수 위주의 공연이 중심이 되면서 거액의 공연비로 혈세를 낭비하고 있다는 사실을 거론하지 않을 수가 없다. 지난 5월 8월 25일자 남도일보에 실린 '[전남 지역축제] 유명가수단 1회에 최대 2억 5천만 원…'의 제목의 기사는 그 사실을 여지없이 드러냈다.

"'221개, 641억 원'. 지난 2년간 전남 22개 시군에서 열린 축제 개수와 쓰인 혈세다. 봄·가을이면 여기저기서 비슷비슷한 축제가 넘쳐난다. 일부 축제는 킬러콘텐츠는 실종되고 유명 가수들의 '지방 순회 공연장'으로 변질되고 있다……,"

전남 시군별 축제에서 사용된 거액의 연예인 출연료를 꼬집은 이 기사에는 "광양시는 2023년 광양 전어 축제 역시 정동원 등 초대 가수 출연료로 약 2천 200여만 원, 19회 광양전통숯불구이 축제에선 1천 900여만 원의 연예인 출연료를 사용한 것으로 드러났다."는 우리 시의 얘기도 포함돼 있었다. "광양의 부끄러움은 대체 누구의 몫이라는 말인가?"라는 말이 저절로 튀어 나왔다.

이뿐만이 아니다. 축제장을 전문적으로 찾아다니는 각설이와 대형 상인집단들이 축제장을 주도하면서 돈을 벌어가는 현상은 대동소이하며 바가지요금과 위생 문제는 매년 제기되는 단골 민원이다.

혈세 낭비는 물론이고 대외홍보도 안 되고 내실도 없는 이런 유명무실한 축제들을 언제까지 되풀이해야 하는가. 지역의 전통문화와 지역경제에 도움이 되지 않는 축제는 예산만 낭비할 뿐이고, 지역의 이미지만 추락시킬 게 불을 보듯 뻔한 일이다. 축제의 특색을 분명히 하고, 지역민이 주체가 되고, 지역경제에 기여하는 축제가 되기 위해서는 이대로는 안 된다. 큰 시야로 전략을 세우고, 새로운 시도를 해야 한다.

광양시민의 한 사람으로서 나는 우리 광양시의 축제 전면개편을 제안한다. 계절별 축제 집약과 기간 연장, 개회식 폐지, 지역문화 관광 연계 이 세 가지가 그 핵심 대안이다.

먼저 축제 기획에서 계절별 축제 집약과 기간 연장을 기본 틀로 가져가야 한다. 광양의 십 수 개 축제를 봄에는 〈섬진강 꽃 축제〉, 가을에는 〈광양음식문화축제〉로 일원화하고, 축제 기간도 한 달 정도로 늘리는 것이다. 기존 축제를 무조건 없애자는 얘기가 아니다. 계절과 연관된 다양한 축제를 봄과 가을 축제 기간으로 집중하고, 구례 등 인근 지역과의 협력도 고려해야 한다. 마을 단위 축제는 개별적으로 각각 특색을 살려 그대로 살리면 될 것이다.

두 번째 개회식 폐지는 반드시 이루어져야 한다. 기존의 정치인 홍보 위주로 진행되면서 거액의 연예인 출연료를 감당해온 축제 개회식은 축제의 본 취지에 맞지 않다. 개회식을 치르고자 특정 장소에 관람객을 집중시키면서 거창하게 무대를 만들고 진행하는 개회식 관례는 전국 모든 축제가 매한가지다. 유명 연예인을 불러와 노래 한두 곡 부르는 특색 없는 공연을 왜 해야 하는가. 개회식 등 의전에 들어가는 비용을 축소하고 홍보를 강화해 지역의 소상공인과 자영업자들의 소득으로 귀결되도록 하는 게 맞다고 본다. 축제 공연은 지역의 관광지와 시가지에서 각각 특색을 살리는 공연과 시민들이 자발적으로 참여하는 공연으로 치루는 게 지역의 문화예술 역량도 높이는 일이 될 것이다.

또 이와 함께 축제 본연의 특색을 강화하되 지역 문화와 관광으로 연계시키는 것도 필수다. 광양에는 전남도립미술관과 예술창고, 유당공원, 골목문화공간 인서리공원, 광양읍 동서천, 배알도

공원, 망덕포구와 정병주 가옥, 구봉산전망대, 백운산과 섬진강, 이순신대교와 선샤인해변공원, 옥룡동백나무숲, 근대문화유산인 관사(일제가옥), 서울대남부연습림 등등 전국적으로 인지도가 높지는 않지만 스토리텔링을 통해 명소로 거듭나게 할 수 있는 관광자원이 많다. 더욱이 최근엔 K-컬처가 대세다. 광양은 명량, 극한직업, 택시운전사, 서울의봄 등 천만영화와 BTS 뮤직비디오(6억뷰)를 촬영한 영화의 성지다. 이같은 기존의 K-컬처 탄생 현장을 관광상품으로 홍보하는 한편 향후 등장할 드라마와 영화를 우리 지역 전역에서 촬영해 관광상품화하고 축제와 연계시키는 것도 주요한 전략이 될 것이다.

축제에 참여하고자 광양을 찾는 방문객들을 하루라도 머물게 할 수 있는 세부전략으로는 광양 전통음식을 상품화하는 한편 시내 곳곳을 권역별로 먹거리 특화지역으로 조성하는 것이다. 숙박업소 또한 대형 호텔이 아닐지라도 접근성과 편의성 그리고 위생이 철저한 중저가 우수 숙박업소 확대가 필수 준비사항이다.

각종 축제를 전면 개편한다고 해서 그 개선 효과가 즉시 나타나지는 않을 것이다. 지역의 역량을 높이는 것도 시간이 필요하다. 무엇보다도 축제 추진위원회의 전문성 문제와 개선을 할 수 있는 여건 마련도 시급하다. 축제를 주최하는 지자체 기관장과 관련 부서야말로 정신 바짝 차리고 새로운 대안을 제시하지 않으면 안될 일이다.

여순광!
공동체시대를 주도하자

서양 속담에 “Make hay while the sun shines(햇빛이 비칠 때 건초를 말려라)”는 말이 있다. 기회가 주어졌을 때 놓치지 말고 잘 활용해야 한다는 얘기다. ‘여순광’으로 불리는 여수, 순천, 광양 3개 도시야말로 현재와 잘 맞아떨어지는 속담이 아닌가 싶다.

새 정부 출발과 함께 이재명 대통령은 지역 소멸 대응 공약의 하나로 ‘비수도권 거점 특례시’를 제안했다. 인구수가 아닌 도시 경쟁력 등을 기준으로 삼아 권역 성장을 견인토록 해야 한다는 취지다.

여순광 통합 여론은 이미 우리 지역에서 오래전부터 제기되어온 과제다. 여순광 통합 전문가들의 주장에 따르면 석유와 철강 등 산업기반과 관광산업의 시너지 효과를 통한 지역 발전의 계기가 될 수 있다고 한다. 3개 도시가 통합할 경우 인구 50만 명 이상의 전남 거점 도시로 성장할 수 있다는 것이 핵심이다.

지금 우리는 현실을 직시해 볼 필요가 있다. 광양은 제철소 건설 이후 전략적인 도시계획과 택지개발을 하지 못한 상황에서, 인접한 순천에서는 연향금당지구와 신대지구 개발 등 도시 전역에 아파트가 들어서는 광경을 목격해야만 했다. 최근에는 해룡면 선월지구 개발도 속도를 내고 있다. 심지어 이유가 어떻든 전주–광양간 고속도로, 목포–광양간 고속도로가 각각 완주–순천, 영암–순천 고속도로로 명칭이 변경되는 과정도 지켜봐야 했다. 여수도 석유화학산단으로 인한 과실을 순천에서 독식하고 있다는 피해의식이 상당하다. 여수시 인구가 꾸준히 줄어들고 있는 현상을 우리로서는 강 건너 불구경할 수 없는 상황이다.

그럼에도 불구하고 시민들은 정치적 행정적 이해관계로부터 비교적 자유롭고, 이미 3개 시가 하나의 공동체로서 거대한 경제적 문화적 공동체에서 삶을 향유하고 있다. 교통발달과 도시개발로 인해 지리적 경계도 사실상 의미가 없어졌다. 이에 따라 근래 들어 3개 시 시민들도 행정구역 통합론을 제기하는 경우가 부쩍 많아지고 있다. 인구 감소 및 농촌소멸이라는 거스를 수 없는 시대적 과제 앞에서 3개시의 행정구역 개편의 필요성을 말하고 있는 것이다.

분명한 것은 공동체를 공유하는 삶도 당면한 현실이며, 행정구역 개편도 시민들의 삶의 질을 직접적으로 결정하는 현실의 문제다. 3개 시가 골고루 발전하고 통합하는 방안을 찾아야 한다. 나는 광양,여수, 순천(구례도 포함될 수 있을 것임)의 경계이자 중앙에 위치한 광양읍 세풍도월덕례지구를 어떻게 전략적으로 육성할 것인가에 따라 광양만권 공동체가 보다 더 결속력 있고 상생발전을 할 것인지 결정될 것이라고 생각한다.

세풍도월덕례지구의 도시계획을 전면적으로 수정하여 광양만권의 행정, 문화체육, 주거의 중심으로 육성해야 하는 게 맞다고 본다. 접경지인 율촌면에는 산단이 개발중이고, 해룡면에는 신대선월지구의 택지가 조성된다. 물론 해룡면에는 전남도 동부청사가 위치하고 있어서 전남도와 협력체계를 구축하는 데도 효과가 있을 것이다.

이와 때를 같이 하여 여순광 공동체 시대인 지금 3개 시 중심지인 광양읍권의 전략적 육성이 시급하다는 생각이다. 광양읍 구시가지는 드라마와 영화의 초거대 셋트장으로 탈바꿈시켜 관광객 유입과 상권을 활성화시키는 것이다. 연간 수백만 명이 방문하는 LF 아울렛과 선월지구에 건립 예정인 코스트코 고객이 광양읍 시가지를 방문하고 소비하는 관광경로를 만들어야 한다.

'함께 함께'라는 포지티브섬 전략(positive-sum)전략은 지역 도시들이 살아남기 위한 새로운 해법이다. 이미 전국 각지 광역시도들이 경쟁력 제고를 위해 메가시티를 만들자는 논의가 확산되고 있는 분위기다. 이미 하나의 공동체를 형성하고 있는 여순광의 행정구역 개편은 단지 시기의 문제일 뿐이다.

지난 4월, 3개 단체장이 통합 필요성에 공감한다면서도 그 시기와 방법에 대한 생각이 달라 별다른 진전은 없는 상황이다. 물론 넘어야 할 산은 많다. 당장 내년 지방 선거를 앞두고 지역 정가의 셈법도 제각각이고 보니 통합 공론화 논의도 쉽지 않은 상황이다. 게다가 전문가들이 말하는 "여수와 순천, 광양 역시 자치단체장의 합의만 바라볼 게 아니라 지역 통합 효과와 부작용을 따져보는 공론화가 선행돼야 한다."는 지적도 참고해야 할 것이다.

지금은 새 정부가 들어선 원년이다. 향후 4년 이내에 우리는 이 과제를 풀어야 한다. 사전에 준비를 하지 못한다면 광양 지역은 급속도로 위축될 것이며, 광양을 터전으로 살고 있는 시민들도 정책과 예산의 소외에서 벗어날 수 없다. 새 정부가 내세운 지역 주도 통합의 계기를 놓칠 경우 지역 소멸을 더욱 가속화하는 것은 아닌지 우려하는 목소리가 커지고 있는 이유이기도 하다. 행정구역 개편으로 피폐해진 승주읍을 반면교사로 삼아야 합니다.

방산·우주산업 벨트!
광양만권 허브는 따놓은 당상

지난해(2024년) 우리나라 방산 수출은 130억 달러를 넘어 세계 9위로 '글로벌 톱10 방산 수출국' 반열에 올랐다. 2022년 기준 약 5천억 달러(약 660조 원) 규모였던 우주산업도 2040년에는 1조 달러까지 성장할 것이라는 전망이다. 다만 한국 산업의 약점은 분산 투자와 공급망 단절로 드러났다.

양현상 방산우주산업연구소 연구소장은 지난 9월 8일자 AI타임즈에서 "경남 사천은 항공 · 위성 하드웨어, 전남 고흥은 발사체 인프라를 보유했지만, 이를 하나로 엮는 연결축이 부족하다. 이러한 한계를 극복할 수 있는 새로운 패러다임이 필요하다."고 피력했다. 이와 함께 그는 '경남–전남 방산 · 우주산업 벨트' 구상은 단순한 지역개발 차원이 아니라, 분산적 투자와 공급망의 단절을 해소하는 국가 전략이라고 밝혔다.

방산 · 우주산업은 AI, 반도체와 더불어 우리나라의 전략산업이며 미래의 성장동력이다. 전세계 우주산업은 다른 산업에 비해 2배 이상 빠른 성장을 하고 있다. 경남 사천은 한국항공우주산업(KAI)을 중심으로 항공기 · 위성체 제작 역량을 갖췄다. 또 전남 고흥은 국내 유일의 나로우주센터가 자리해 있다. 문제는 이 두 거점이 축적한 기술과 시설이 제각각이므로 이를 하나의 산업 벨트로 연결해야 한국이 생산 · 발사 · 수출까지 이어지는 완결형 생태계를 가질 수 있다는 것이다. 양 소장이 말하는 '경남–전남 방산 · 우주산업 벨트'의 중심축은 다름 아닌 광양만권이다.

광양에서 자동차로 불과 30여분 거리인 진주 사천에는 한국항공우주산업(KAI) 본사와 국책연구기관인 항공기술연구소와 국방기술진흥연구소가 위치해 있고, 우주항공 국가산단 조성, 위성개발과 발사체 개발 등 전방위적으로 우주항공산업에 박차를 가하고 있다. 인접한 고흥의 우주항공센터 발사대에서 인공위성인 누리호를 발사하는 장면을 전 국민이 감격스럽게 지켜봤다. 그러나 대전에는 항공우주연구원이 있고, 경남에는 우주항공청과 국가산단, 산업시설이 집중되어 있는 데 반해 전남은 연구와 산업 측면에서 소외와 불평등을 겪고 있는 셈이다.

철강 · 석유화학 · 항만 기반 위에 방산 · 우주산업을 접목할 최적지로 연간 2400만 TEU 이상을 처리하는 광양항은 세계적 항만이다. 여기에 방산 · 우주 전용 터미널과 스마트 물류 인프라를 입히면 한국은 동북아시아 최초로 '생산–발사–수출'이 3시간 내 연결되는 완결형 공급망을 갖추게 된다는 얘기다. 이는 단순히 산업단지 조성이 아닌 국가 전략적 산업 거점으로서의 도약이 필요하다는 것이다.

경남–전남 방산 · 우주산업 벨트가 완성될 경우 경제적 효과는 당연히 크다. 항공우주산업은 '간접 고용 창출 효과'가 높아 1개의 직접 일자리가 4~5개의 연관 일자리를 만든다는 연구 결과가 있다. 따라서 광양만권 허브 구축은 단순한 제조업 일자리 증가를 넘어, 첨단 연구 · 서비스, 글로벌 비즈니스, 관광 · 전시 산업까지 연쇄적으로 활성화할 수 있다. 전남과 경남의 청년 인구 정착을 위한 실질적 동력이 될 수 있다.

광양만권 방산 · 우주산업 구상은 단순한 지역개발 사업을 넘어, 대한민국이 글로벌 산업 경쟁에서 주도권을 쥘 수 있게 하는 전략적 교두보다. 광양만권과 남해안의 중심에 위치한 우리 광양이 주변지역에 국가전략산업인 우주항공산업 인프라를 확보하고 있으면서도 먼산 불 구경 하고 있어서는 안 된다. 과감한 발상의 전환을 통해 인근 지역의 산업 인프라를 활용하는 거시전략과 국가정책을 만들어내야 한다.

광양이 철강 · 항만 중심의 전통 이미지를 벗어나 방산 · 우주산업의 심장부로 도약할 수 있을 때, 한국은 세계 시장에서 독자적 경쟁력을 확립할 수 있다. 전문가들도 경남의 항공 · 위성체 제작 역량, 전남 고흥의 우주발사체 인프라, 그리고 광양만권의 강력한 물류 · 소재 · 부품 산업 집적의 결합은, 경남–전남 방산 · 우주산업 벨트 전체를 아우르는 핵심 성장축이 될 것으로 내다봤다.

광양은 이 좋은 구상을 현실로 옮겨놓을 기회를 잡아야 한다. 국가의 미래 경쟁력 제고와 '세계 5대 방산 · 우주 수출 강국' 도약을 위해, 광양시의 미래를 위해 논의를 넘어 신속한 실행에 나서야 할 때다. 물류 · 산업 · 인재가 집적된 광양만권을 미래 산업의 허브로 삼는 것은 결코 허황된 그림이 아니라 현실로 만들 수 있는 최상의 프로젝트인 것이다.

세계힙합월드리그로
광양을 K-컬처 인재양성 메카로

K-팝으로 시작된 K-컬처는 댄스, 음식, 언어, 문학, 영화, 관광 등 문화 전반으로 확산되면서 그 어느 때보다도 전성기를 연출하고 있다. 그야말로 한류는 대세가 되고 있는 요즘이다. 이에 편승해 K-컬처의 열풍이 한층 더 고조될 수 있는 기회가 다가오고 있다. 다름 아닌 '세계힙합월드리그'다.

얼마 전 세계 힙합 아티스트들이 한국에 모여 K-힙합의 세계화와 지역경제 발전을 논의하는 자리가 개최됐다. 지난 11월 24~25일 서울 프레스센터에서 열린 '힙합월드리그 국제포럼'. 한국힙합문화협회와 힙합월드리그 한국조직위, 두바이 아우라100 DMCC(대표 전태수)가 공동 주관한 이 포럼에는 한국, 미국, 유럽의 프로듀서와 아티스트가 참가해 힙합 배틀과 토론을 벌이며, '케이팝 데몬 헌터스(케데헌)' 흥행에 이은 차세대 한류 주자로서 K-

힙합의 가능성을 점검했다.

세계힙합월드리그는 2026년 한국에서 세계 최초로 열릴 예정이다. 전남, 부산, 인천, 서울, 경기 등 5개 지역을 연고로 하는 이 리그는 단순한 공연이 아니라 세계적 프로 챔피언십으로 기획된다. 특히 셀레나 고메즈와 마룬파이브 같은 세계적 아티스트와 작업한 미국의 유명 작곡가가 미국 지역을 맡고, 두바이와 유럽 지역은 현지 파트너가 담당하며, 한국은 한국힙합문화협회가 공동 주체로 참여한다. 단발성 이벤트가 아니라 전 세계 비보이들의 꿈의 무대를 한국에서 열고, 이어 K-POP과 다양한 K-컬처까지 아우르는 글로벌 문화축제를 만드는 것이 핵심이다. 이 프로젝트에는 두바이 소재의 '아우라100'과 한국 기획사가 함께하고 있으며, 한국의 100여 명 기자단과 두바이 · 미국 언론까지 참여한 글로벌 홍보위원회가 주축이 되어 국제적 주목을 이끌어낼 예정이다.

세계힙합월드리그와 관련해 우리 시가 주목해야 할 것은 다름 아닌 조직위가 계획하는 구체적인 대회 전략이다. 조직위는 인천 · 부산 · 거제 · 여수 · 순천 · 광양 등지를 예선 무대로, 두바이와 미국을 주요 파트너로 참여시킨다는 계획이다. 한류 유학생 100만 명, 관광객 1억 명 유치를 목표로 여수는 글로벌 축제 도시, 순천은 창작 청년 거점, 광양은 힙합 인재양성 거점, 거제는 문화도시 모델로 제시했다.

전남 동부권 여수 · 순천 · 광양으로서는 더없이 좋은 한국형 지역 주권경제의 시험대로 부상한 만큼 이 좋은 기회를 최대한 활용해야 한다. 여수는 2012 세계엑스포를 통해 국제 전시와 회의 인프라를 확보했고, 순천은 전남 동부권 최대 인구를 보유한 생활권 중심지이며, 광양은 항만 물류와 산업 기반을 갖춘 국제 교류의 관문이다. 이 세 도시가 가진 강점을 유기적으로 결합한다면, 단순한 지방 활성화가 아닌 대한민국형 K-컬처 기반 지역 주권경제 모델을 창출할 수 있다.

여수는 엑스포로 마련된 국제회의장, 전시관, 해양공원 등이 여전히 활용 잠재력을 지니고 있다. 이를 사계절 K-컬처 무대로 전환한다면, 봄의 K-팝 · 전통문화 융합 축제, 여름의 세계힙합월드리그와 글로벌 댄스 페스티벌, 가을의 영상 · 미디어 아트 페스티벌, 겨울의 한류 스타 · 청년 창작자 윈터 페스티벌을 통해 단순 관광지를 넘어 글로벌 문화교류의 거점이 될 수 있다. 이 무대는 곧 외국 유학생과 지역 청년들이 실습할 수 있는 살아 있는 교육 공간이 될 것으로 기대된다.

순천은 동부권 최대 인구를 기반으로 거리축제와 클럽, 소규모 공연장이 어우러진 문화의 거리를 조성해야 한다. 이곳은 단순 유흥 공간이 아니라 지역 대학생과 외국 유학생이 직접 공연을 기획 · 운영하고 창작을 실습하는 현장이 된다. 순천만정원의 생태 · 환경 브랜드와 결합된 문화거리는 청년층이 머물고 성장할 수 있는 무대이며, 동시에 외국 유학생에게는 한류 체험형 교육 인프라가 될 것이다.

그렇다면 광양은 이 절호의 기회를 어떻게 해야 할까? 항만 물류 산업의 거점으로 발전했으나, 학령인구 급감으로 지역 유일의 대학은 존폐 위기를 맞고 있는 지금이다. 단순히 대학 구조조정으로는 해결이 불가능하다. 광양이 살길은 외국 K-컬처 유학생을 유치해 국제 교육 특구로 자리잡는 것이다. 이 전략은 단순한 학위 과정이 아니라, K-컬처 산업과 연계된 실습형 커리큘럼을 통해 유학생을 창작자와 기획자로 성장시키는 방향이어야 할 것으로 보인다.

우리 광양이야말로 특히 인재양성의 메카로 거듭나는 시발점으로 삼아야 한다. 단지 대학 하나만의 과제가 아니라 초 · 중 · 고등학교를 포함한 교육 생태계를 전 지역적으로 지원해야 가능한 프로젝트다. 초등학교 단계에서부터 K-컬처와 디지털 기술을 체험하도록 하고, 중 · 고교 단계에서는 동아리와 지역 축제를 통해 무대 경험을 확대하며, 대학 단계에서는 외국 유학생과 함께 글로벌 협업을 수행하는 구조적 연계가 필요하다고 본다.

교육 생태계는 단순히 교실과 강의실에 머물러서는 안 된다. 광양과 전남 동부권 전체에 청년과 유학생이 활동할 수 있는 다양한 무대를 만들어야 한다. 소극장, 거리 공연장, 대학 내 상설 공연홀, 항만과 공업단지를 활용한 산업문화 융합 무대까지 조성된다면, 학생들은 실제 무대 경험을 통해 역량을 축적하고 지역 콘텐츠를 세계로 확산시킬 수 있다.

외국 유학생 유치는 대학과 교육의 문제를 넘어 지역경제 전체를 움직이는 동력이 된다. 유학생과 가족의 체류는 숙박 · 교통 · 식품 · 패션 산업을 자극하고, 청년 창작자와 유학생이 함께 창작에 참여함으로써 새로운 콘텐츠 산업이 성장한다. 순천의 문화의 거리, 여수의 엑스포 무대, 광양의 인재양성 메카가 서로 연결되면 전남 동부권은 글로벌 유학도시이자 K-컬처 교육 허브로 도약할 수 있다.

웹 3.0 시대의 핵심은 분산과 자치다. 수도권 대기업과 해외 OTT에 집중되는 성과를 지역이 직접 IP로 확보하고 세계와 연결하는 모델이 필요한 시점이다. 광양의 인재양성 메카, 여수의 글로벌 무대, 순천의 문화의 거리가 하나로 이어지는 구조야말로 수도권 독점 구조를 깨고 대한민국 전체가 성장의 과실을 공유하는 혁신 모델이 아닐 수 없다.

아우라100 전태수 대표는 세계힙합월드리그를 통해 한국이 음악과 금융, 지역과 세계를 잇는 새로운 문을 여는 계기를 반드시 만들어내겠다는 다짐을 밝혔다. 우리로서는 세계힙합월드리그를 통해 K-컬처 유학생 유치와 인재양성 생태계를 구축하는 것이 미래 인재양성의 발판이자 지속 가능한 도시로 가는 답으로 모아진다. 또한 광양의 대학을 살리고 지역을 살리는 길이 될 것이다. '준비된 자에게 기회가 온다'는 진리를 우리의 현실로 만들어갈 시점이다.

산업현장,
'정교한 외과수술'이 필요하다

산업현장에서 인사사고가 발생했다는 뉴스를 접할 때마다 '제발 이제는 멈춰라'는 간절한 외침이 가슴속에서 끓어오른다. 한국노총 상임부위원장을 지냈기에 또 광양이 공업 도시이기에 설령 우리 지역에서 발생한 사고가 아닐지라도 산업재해를 지켜보는 내 마음은 답답하고 안쓰럽다.

한 해에 산업재해로 연 600명 가까이 목숨을 잃는 게 현실인 우리나라의 산업재해 상황은 심각한 수준 그 자체다. 2019년 산업안전보건법을 강화하고, 2022년 중대재해법까지 도입했지만, 산업재해는 여전히 멈추지 않고 있다. 국민이 안전하지 않은데 수출 강국이 되고 경제가 아무리 발전한들 무슨 소용이 있겠는가.

지난 8월 초 이재명 대통령이 중대산업재해가 잇따라 발생한 P사에 대해 건설면허 취소, 공공입찰 금지, 징벌적 배상제 등 강도 높은 제재 방안 마련을 지시했다. 대통령이 특정 기업을 실명 거론하며 산재 문제를 언급한 것은 매우 이례적인 일이지만 그만큼 사안의 심각성을 방증하는 것으로 보인다. 오죽하면 대통령이 직접 나섰을까 싶다.

P사 공사현장에서는 올해 들어 네 번의 노동자 사망사고가 발생했다. 1월 김해 아파트 신축 현장에서 추락사가 발생한데 이어 4월엔 경기 광명 신안산선 터널 붕괴로 미얀마 국적 30대 노동자가 감전사고로 의식불명에 빠졌고 같은 달 대구 주상복합 공사장의 구조물 추락사고도 발생했다. 그리고 7월 말엔 경남 함양 · 울산고속도로 의령나들목 공사 현장에서 사면 보강작업을 진행 중이던 60대 노동자가 천공기(지반을 뚫는 기계)에 끼여 사망하는 사고가 발생했다. 한 기업에서 그것도 7개월 사이에 어떻게 4건의 재해가 발생할 수 있을까. 이는 단순한 불운이 아니라, 안전보다 이윤을 앞세운 산업 구조의 필연적 결과가 아닐수 없다.

산업계 중에서도 특히 한국 건설업계의 산재 문제는 뿌리가 깊다. 원청–하청–재하청으로 이어지는 다단계 공사 구조 속에서 책임은 모호해지고, 기초적인 안전수칙조차 지켜지지 않는다. 사고 피해자는 대체로 협력업체의 비정규직 노동자이며, 사고 이후의 사후 대책은 매번 비슷한 패턴을 반복한다. P사의 재해 또한 후진국형 산재로 비용 절감, 하도급 구조, 형식적인 안전교육이 참사를 불러왔다는 평가가 지배적이다. 연 매출 11조가 넘는 기업이라는 이름값이 무색할 정도이니 그야말로 부끄러운 일이 아닐 수 없다.

제조업 현장도 빈번하게 발생하는 물류창고 화재사고도 크게 다르지 않다. 현장의 안전문화가 취약한 한 '누가 희생자가 될지'만 바뀔 뿐 사고 자체는 멈추지 않는다.

대통령의 지시 이후, 정부 부처는 P사에 다한 제재안을 속속 내놓았지만 역대 정부가 수십 년간 같은 방식으로 대응해 왔다는 점을 상기할 필요가 있다. 사후 처벌 중심의 대책은 국민에게 '엄정대응' 이미지를 줄 수는 있지만, 사고 예방 효과는 미미했다는 것이다. 현장의 구조적 문제에 대한 정밀 진단과 맞춤형 처방이 없다면, 이번에도 '반짝 대책'에 그칠 가능성이 크다는 게 나의 견해다.

P사가 사장 교체, 비상경영체제 돌입, 전 현장 안전점검, 신규수주 금지, 하도급 구조 개선 등을 약속했지만, 이를 곧이곧대로 믿는 국민은 많지 않다. 더욱이 P사의 모회사인 포스코는 광양 지역경제의 중추이자 국가 경제에 큰 비중을 차지하는 기업이다. 포스코 광양제철소 내 소결 공장에서도 지난 7월 집진기 덕트 배관 철거 작업 중 구조물이 무너지면서 노동자 2명이 추락하고 그중 한 명은 낙하물에 맞아 목숨을 잃었다. 제재가 산업현장 중단으로 이어지고, 그 결과 아무 잘못도 없는 수천 · 수만 명의 하층 노동자가 생계 위기에 내몰린다면 이는 또 다른 사회적 피해다. 이제는 산업계의 중대재해방지 관련 '정교한 외과수술'이 시급한 상황이다.

국민안전을 위한 산업현장 개혁의 메스는 정부가 쥐고 있다. 강력한 제재와 함께, 하청 · 재하청 구조 개혁, 현장 안전교육 강화, 숙련도 제고, 그리고 원청부터 하청 노동자까지 안전의식을 공유하는 문화 확립에 나서야 한다. 단순히 '누구를 벌줄 것인가'에 머물러서는 안 된다. '어떻게 하면 이제는 사람이 인사사고를 멈추게 할 것인가'에 방점이 찍혀야 한다. 산재 사고는 예방이 가능하다. 문제는 그것을 위한 의지와 구조적 수술의 깊이다.

지금 필요한 것은 구호가 아니라 실행, 그리고 보여주기식 처벌이 아니라 생명을 지키는 근본적 변화다. 대통령이 나선 만큼, 이번만큼은 건설 현장의 '죽음의 고리'를 끊어내야 한다. 그래야만 이번 참사를 '다시는 반복되지 않을 사건'으로 만들 수 있을 것이다.

이제부터는 아트(art) 광양!

"로테르담을 아시나요?"

"네델란드 유명한 해운도시 아닌가요?"

"빌바오도 아시나요?"

"들어본 것 같은데…, 혹시 철강으로 유명했던 스페인 도시인가요?"

"맞습니다. 두 도시의 분명한 공통점을 꼽는다면요?"

여행을 자주 다닌다는 C와의 대화에서 나는 세 번째 질문에 대한 답을 하지 못했다. 그런 내게 그가 말해 준 두 가지는 해운과 아트(art)였다. 이어서 그는 말했다. 광양이야말로 빌바오와 로테르담을 벤치마킹하면 딱 좋을 것이라고.

로테르담은 네덜란드의 조이트홀란트 주에 있는 로테강 어귀의 물을 빼내어 조그만 구역의 간척지를 만들면서 시작됐고 14세기 중엽부터 운하가 건설되면서 항구도시로 변모했다. 17세기 말엔 이미 암스테르담에 이어 네덜란드의 두 번째 상업 도시로 자리매김했다. 긴 세월을 거치면서 지속적으로 변화하고 발전한 것임엔 틀림이 없지만 작은 어촌마을이 유럽의 물류를 좌지우지하는 물류 중심의 항구도시로 성장했다는 것은 분명 주목해 볼 만한 가치가 충분하다.

로테르담의 오늘은 경쟁력을 다양하게 갖춘 도시로 변모해 있다는 점도 간과할 수 없는 사실이다. 해운업이 경제의 중심축이 되고 있긴 하지만 석유화학산업도 점점 중요성이 커지고 있으며 항만 산업발전 외에도 이 도시는 문화적으로도 나름 자존감을 자랑한다.

네덜란드 연극계에서 선도적 역할을 하는 '니우로테르담토넬 극단'과 교향악단이 있다. 또 히로니뮈스 보시, 피테르 브뢰겔 1세, 얀 반 아이크, 빈센트 반 고흐를 비롯해 네덜란드와 플랑드르 출신 거장들의 진기한 작품들이 소장된 '보이만스반 뵈닝겐 시립박물관', 비유럽 국가의 순수 · 응용 미술 작품들을 소장하고 있는 '지리민족지학 박물관', 수많은 선박의 원형들을 소장하고 전시한 '헨리크 왕자 해양박물관' 등이 있다. 물류만이 아니라 역사, 문화, 예술이 한데 어우러진 관광 도시로서의 면면도 남다르다.

빌바오는 어떤 도시일까? 빌바오시는 중세시대 철이 발견되면서 철의 도시가 됐고 산업혁명기 이곳에서 만든 철강제품은 유럽 전역으로 수출됐다. 줄지어 들어선 제련소와 조선소의 부두엔 철강제품과 선박 기자재를 실은 배들이 수시로 드나들면서 철 구조물을 사용하는 조선업도 호황을 누리면서 부자도시로 변모했고 20세기 유럽의 대표적인 공업도시로 자리매김했다.

하지만 1980년대 들어 철강 · 조선업체들이 내리막길을 걷기 시작하면서 실업률은 20~30%까지 치솟았고 젊은이들은 일자리를 찾아 도시를 떠났다. 도시 재생의 시작은 네르비온강이었다. 제련소와 조선업체는 외곽으로 이동시키고 네르비온강변의 부둣길을 따라 산책길과 자전거 전용도로를 만들고 세계적인 거장의 예술작품을 곳곳에 설치했다. 미술관 · 콘서트홀 · 박물관 · 공원 등이 곳곳에 생겨났다.

무엇보다도 이 도시가 다시 살아나는데 결정타 역할을 한 것은 다름 아닌 '빌바오 구겐하임 미술관(Museo Guggenheim Bilbao)'이었다. 미국의 솔로몬 R. 구겐하임 재단이 설립한 솔로몬 R. 구겐하임 미술관 분관의 하나로 1997년 10월 18일 개관한 이 미술관은 엄청난 파급효과를 몰고 왔다. 10년 만에 호텔 수가 10배 이상 늘었고 일자리 4천 개가 창출됐으며, 지금은 스페인 관광에서 빼놓을 수 없는 도시가 됐다.

해운 물류와 문화 예술이 공존하는 로테르담, 철강산업의 쇠퇴를 대형미술관으로 대처한 빌바오가 시사하는 도시 성장의 포인트는 한마디로 기존의 바닷가 도시에 아트를 덧입혔다는 것이다.

이쯤에서 누군가는 "그래서요?", "광양이 미술하고 무슨 상관?"이라는 볼멘소리를 낼 수도 있겠지만 지금이야말로 광양시를 내국인은 물론이고 외국인들에게까지 주목시키기에 가장 빠르고 가장 유리한 자산 중 하나가 미술이 될 수 있지 않을까 싶다. 우리와 유사한 환경을 지닌 로테르담과 빌바오가 항구, 공업, 예술을 트라이앵글로 성장하고 혁신을 거두었듯이 우리도 광양에 예술이라는 옷을 입히자는 얘기다.

나는 미술을 전공한 사람도 아니고 우리 가족이나 주변에 미술을 하는 이들조차 없다. 그럼에도 불구하고 '광양은 아트다'라는 발상을 하게 된 데는 전남도립미술관, 포스코미술관 광양, 불암사 유물전시관에 이어 광양역사문화관, 백운산산림박물관, 광양장도박물관, 광양궁시전수교육관 등 미술과 함께 지역의 역사와 문화, 산림의 중요성과 전통의 가치를 엿보고 체험할 수 있는 기반이 이미 존재하고 있다는 사실이다. 이 중에서도 특히 포스코미술관 광양은 올들어 포스코의 복합문화공간 'Park1538 광양'이 문을 열면서 관람객 접근성과 시너지 효과가 더욱 커졌다.

생각해 보라. 사계절 내내 온화한 날씨를 자랑하는 바닷가 도시에서 미술관 박물관 투어를 하고 바닷가를 산책하는 여유를 즐기는 관광객들의 모습을. 이는 꿈이 아니라 현실로 펼쳐놓을 수 있는 우리 광양만이 그릴 수 있는 아름다운 수채화가 되지 않겠는가.

물론 대외적으로 광양을 '아트 도시'로 알리는 데는 굵직한 대형 미술관과 함께 더 많은 크고 작은 미술관 유치 그리고 전문가(큐레이터) 확보가 필요할 것이다. 그렇다면 현재 활용도가 낮은 광양시 소속 공공건물들을 리모델링하여 미술관으로 탈바꿈시키고 계절별 미술전공 청년들에게 워크숍 프로그램을 제공하고 기성 작가들도 언제든지 찾아와 작품활동을 할 수 있는 시스템을 구축한다면 아트 광양을 완성하는 일은 그리 오랜 시간이 걸릴 일도 아니라고 본다.

워케이션 거점 마을, 어떤가요?

'디지털 노마드(Digital nomad)', '워케이션(Workcation)'. 최근 몇 년 새 젊은층에게는 이미 빠르게 확산되며 익숙해진 용어이지만 여느 시민들에게는 좀 낯선 언어일지도 모른다. 국내만이 아니라 전 세계적으로 시대 흐름에 따른 일과 휴식의 새로운 형태다.

'디지털 노마드는 스마트폰, 노트북, PDA 같은 디지털 장비를 휴대한 채 자유로운 공간에서 일하는 방식으로 국내는 물론이고 국경을 넘어서도 원하는 곳이라면 어디서든지 일할 수 있는 사람들을 말한다. 이를테면 독일에 본사를 둔 IT엔지니어가 유럽은 물론이고 한국 대만 같은 아시아 국가에서 1년 2년씩 머물면서 일하는 식이다.

주로 프리랜서들이나 디지털장비만 있으면 일이 가능한 직업군에 한정돼 있긴 하지만 요즘 일반 직장인들에겐 그야말로 선망의 대상이다. 이에 따라 세계 60여 개국이 단기 관광비자와 달리 원격 근무를 하려는 외국인에게 장기 체류를 허용해 주는 '디지털노마드 비자"를 발급하고 있으며 우리나라도 작년 1월부터 시범사업을 시행했다. 디지털노마드로 장기 체류 중인 가족을 따라 여행하는 경우도 많아 관광 활성화 효과도 크기 때문인 것으로 알려진다.

일(work)과 휴가(vacation)의 합성어인 '워케이션(Workcation)'은 이미 국내 기업들도 시행하고 있는 휴가지에서의 업무를 인정하는 근무 형태다. 2015년 유럽과 미국에서 처음 시작했으며 아시아권에서는 일본항공(JAL)이 2017년 7월부터 시행하기 시작했다. 회사에서 지급한 컴퓨터로 일을 하며 업무 시작과 종료 시간을 보고하며, 나머지 시간은 자유롭게 활용한다. 이 기간은 유급휴가로 계산되지 않고 정상근무로 처리된다. 일과 휴식의 조화 즉 워라벨(워크 앤 라이프 밸런스:Work and Life Balance)'을 중시 여기는 젊은 세대에게는 더할나위없이 좋은 근무 형태인 셈이다. 이에 따라 이미 제주도의 몇몇 지역은 몇 년 전부터 직장인들의 워케이션의 성지로 자리잡은 상태다.

내가 디지털노마드와 워케이션을 꺼내든 데는 그럴 만한 이유가 있다. 국내 각 지자체들이 인구 감소와 함께 지역 소멸이라는 위기에서 벗어나고자 다양한 정책들을 펴고 있는 중이다. 인구 감소는 농업기반의 지자체나 도농복합지역의 도시들일수록 상황은 더욱 심각하다.

우리 광양시는 어떨까? 광양읍 178가구를 비롯해 옥룡 58, 진월

44, 진상 43, 태인 34 등등 2025년 10월 기준 빈집이 470여 가구에 달한다. 이중에서도 특히 면 단위 빈집 수는 곧 농촌인구의 심각한 감소와 고령화를 보여주는 단면이라고 할 수 있다.

광양시 공무원 수를 1,300명 기준으로 할 때 년 1회씩 2박 3일의 워케이션을 제공한다고 가정하자. 그들이 시에서 정한 면 소재지 각 지역의 숙소(빈농가 개조 및 시 관련 시설 활용)에 머물면서 일도 하고 자연과 함께 휴식을 즐기고 또 지역민들과 소통을 할 수 있다고 생각해 본다. 1년 365일 내내 하루 평균 10.6명의 공무원이 농민들과 고령자들이 거주하는 농촌 현장에서 체류하는 동안 일도 하고 휴식도 취하고 이에 더해 지역현안들도 세세하게 들여다볼 수 있는 그야말로 세 마리 토끼를 동시에 잡을 수 있는 기회가 될 것이다. 이와 함께 관광명소나 자연환경이 인접한 지역의 폐교나 시설물을 리모델링하여 국내외 디지털노마드와 워케이션의 성지로 구축해가는 것도 인구 소멸 지역의 농촌에 생명력을 불어넣는 좋은 방법이 될 것으로 기대된다.

실제로 이미 일부 지자체들이 관내 도서 지역을 공무원들의 워케이션 현상으로 활용하고 있는 것으로 소개됐다. 경남도청의 경우 2022년부터 공무원들이 통영항에 배를 타고 두미도 섬으로 출근하여 일하는 섬택근무를 시작했는데 답답한 사무실에서 벗어나 일과 휴가를 함께할 수 있는 워케이션은 직원들에게도 신선한 자극이 되고 있다고 한다. 오래된 리조트 건물을 리모델링해 섬택근무 사무실이자 숙소로 활용되고 있고 2박 3일 동안 그곳에 머물면서 근무 시간엔 원격으로 업무를 수행하고 근무를 마친 뒤엔 섬 둘

레를 따라 이어진 둘레길도 걷고 통발 체험도 즐기며 마을 해변의 쓰레기도 줍는다고 한다.

경남도 공무원 워케이션의 경우 무엇보다도 공무원들의 섬택근무를 현지 주민들도 반기면서 척박했던 섬마을에 새로운 활력을 불어넣고 있다는 긍정적인 평가다.

광양시는 시정 핵심 분야의 신규 시책 발굴을 위해 지난 4월부터 운영해 온 '2025 광양시 정책디자인단'이 약 5개월간의 활동을 성공적으로 마무리했다. 이날 최우수 제안으로는 빈집을 활용한 '광양시 고향 리턴 플레이스 프로젝트'가 선정됐으며 우수 제안으로는 공유재산을 활용한 '광양형 E.V. 감동카 공유사업'이 뽑혔다는 소식을 접했다.

다만 염려스러운 것은 광양시 행정의 가장 큰 문제점 중 하나가 직원들의 창의와 제안이 묻힌다는 것이다. 나도 그런 기억이 있다. 지금은 너무 오래되어서 가물가물 하지만, 공직생활 초기에 제안제도를 활용해 아이디어를 제출했지만 심사도 받지 못하고 사장된 경험이 있다. 일부 제안들은 10여 년이 지나 실현되는 현실을 목도하기도 했다.

과연 정책연구모임에서 제안 된 아이디어들이 시정에 얼마나 반영되고 정책으로 실현되고 있을까. 그저 정책연구모임을 하였다는 자랑거리로만 남는다면 1,300여 공무원들은 지시하는 일만 할 뿐 결코 시민들을 위해 창의와 열정을 불태우지 않는다. 시장 등 몇 명 간부공무원들의 생각이 지배하는 시청이 아니라 1,300여 공무원들의 집단지성과 창의력이 지배하는 시청이 되어야 한다.

산업·문화와 맞닿는 교육 생태계

국가 차원에서도 지난 수십 년 동안 화두가 돼온 분야이지만 아직도 정확한 답을 찾지 못하는 분야가 있다면 바로 '교육'이 아닌가 싶다. 한국인의 교육열이 그만큼 남다르기 때문에 나타나는 과열 경쟁도 크지만 최근엔 '4세 의대반, 7세 고시반'으로 회자되는 일부 계층의 지나친 자녀 조기 사교육과 명문대 입시를 부추기는 부모들의 지나친 욕망에서 비롯된 불편한 교육열 또한 우리 사회 지탄의 대상이 되고 있다.

지역사회라고 해서 학부모나 학생 당사자들이 갖는 교육에 대한 관심과 기대는 약하거나 낮다고 할 수 없다. 지난 30여 년간 광양에서 남매를 낳아 키워온 학부모인 나 또한 아이들이 대학에 입학하기 전까지는 '교육'이라는 두 글자로부터 마냥 자유로울 수는 없는 입장이었다. 자식이 잘되길 바라는 부모 마음은 매한가지가 아니던가. 물론 그렇다고 특별히 사교육에 혈안이 되어 돈을 쏟아붓고 아이들을 공부에만 집중시키는 일은 할 수도 없었고 하려고 하지도 않았다.

시민의 한 사람으로 또 시의 발전과 성장을 위해 리더로 나서겠다는 결심을 한 사람으로 지금 내가 생각하는 우리 지역사회와 교육의 연계성에 대한 큰 줄기는 '광양이 진정으로 세계와 소통하는 도시가 되려면 초등학교에서부터 뿌리를 다져야 한다'는 것이다.

어린 시절 지역의 역사와 문화, 그리고 생태적 자산을 배우는 과정은 단순한 학습이 아니라 지역 정체성을 각인시키는 작업이다. 교실 안에서 배우는 교과목만이 아니라, 아이들이 직접 바다와 산을 걷고 시장과 산업 현장을 탐방하며 체득하는 교육이야말로 '내가 사는 고장이 곧 세계와 연결되는 시작점'이라는 인식을 심어줄 수 있다는 이유에서다. 다시 말해 교실 밖 교육의 중요성을 강조하는 것은 아이들이 다양한 현장에서 보고 듣고 느끼고 관찰하는 가운데 각자의 관심사를 찾고 가치관을 세우는데 중요한 역할을 할 뿐만 아니라 훗날 그 아이들의 꿈이 지역의 미래를 불러오는 시작점이 될 수 있기 때문이다.

초등교육 다음의 중학교 단계에서는 지역을 넘어서 세계와의 연결이 본격화돼야 한다. 언어 교육과 디지털 역량 강화가 핵심 축이다. 영어와 중국어, 아랍어를 비롯한 다언어 교육은 글로벌시대 필수 공부이며, 동시에 메타버스 · 블록체인 · AI 활용 수업을 통해 청소년들이 디지털 공간에서 창의적 활동을 펼치게 해야 한다.

지역의 청소년이 제작한 음악, 영상, 게임이 곧 글로벌 플랫폼에 공개되고 협업으로 이어지는 과정은 곧 '지역에서 세계로'라는 가교 역할을 하게 될 것이다.

고등학교와 졸업 후 취업 또는 대학교로 이어지는 고등교육은 곧 산업과 문화 현장으로 확장된다. 고등학교는 단순히 입시를 위한 기관이 아니라 지역 산업단지와 예술 커뮤니티를 연결하는 창구가 되어야 한다.

교육 관계자 중에는 지금이야말로 초광역 또는 광역 단위 고등교육 거버넌스 기관 신설도 논의할 때라고 말한다. 지방자치와 균형발전을 강조하면서도 정작 대학에 대해서는 중앙의 통제를 고집하는 것은 모순이라는 얘기다. 지금 당장 자치단체들이 고등교육을 추진할 역량이 아직은 부족하다고 해서 머뭇거려서는 안 될 일이다. 고등교육정책은 장기적이고 독립적인 거버넌스를 통해 일관성을 확보해야 한다는 전문가들의 견해에 동의하는 방이다.

우리 광양시의 경우 학생들은 조선업 · 에너지 분야에서 현장 실습을 하고, 지역 아티스트와 협업해 공연과 미디어 콘텐츠를 직접 만들어낼 수 있다. 또 대학 단계에서는 글로벌 연구 네트워크와 청년 창업 지원이 더해진다. 지방대학은 더이상 '서울 진학의 징검다리'가 아니라, 세계와 직결된 국제 연구 허브로 자리잡게 될 것이다.

이 모든 교육의 단계적 발전은 궁극적으로 광양을 교육 · 산업 · 문화가 융합된 특구로 이끌어낸다. 초등학교에서 뿌린 씨앗이 중학교에서 세계적 감각으로 자라나고, 고등학교와 대학에서 산업과 결합해 열매를 맺으며, 그 성과는 특구라는 형태로 지역 경제와 국가 전략에 기여한다.

결국 광양은 단순한 지방 도시가 아니라 대한민국의 미래 교육과 글로벌 경쟁력을 동시에 증명하는 무대가 될 것이다.

백운산!
지금 이대로, 생활스포츠 성지로

높은 산과 맑은 계곡 그리고 드넓은 바다까지 품고 있는 자연환경을 갖추었다면 축복을 받은 땅이 맞다. 우리 '광양'이 그렇다. 천혜의 환경을 자랑하는 광양에서 나고 자란 나에게 광양의 보물 몇 가지를 꼽으라면 그중 하나는 단연코 '백운산'이다.

백운산은 지리산 다음으로 높은 해발 1,222m의 명산이다. 호남정맥 제일봉으로 북쪽에는 섬진강, 건너에는 지리산이 있고, 정상에 오르면 한려수도와 광양만과 지리산 주능선을 한눈에 볼 수 있는 수려한 풍경을 자랑한다. 여름철이면 맑고 풍부한 수량을 자랑하는 성불, 동곡, 어치, 금천 등 4대 계곡이 노래하고, 가을철엔 단풍이 피서객과 등산객을 향해 어서 오라고 손짓한다. 겨울철 설경은 그야말로 백운산의 백미다.

백운산의 매력이 어디 이뿐이랴. 한라산과 지리산 다음으로 많은 1,080여 종의 식물의 보고이기에 서울대 남부학술림, 옥룡사 동백나무숲, 자연휴양림 등도 자리해 있어 일찌감치 산림청이 선정한 100대 명산 중의 하나이기도 하다.

국내의 명산이 그렇듯이 백운산도 이 땅의 역사와 이야기를 담고 있다. 백운산은 백운사를 비롯한 사찰과 암자가 많아 승려들의 정신적 수양 공간이었고, 신령한 상징으로 산신제와 제례 문화의 중심지였다. 삼국시대 전투를 벌이던 백제 병사들과 풍수설의 대가 승려 도선국사가 마신 것이 바로 고로쇠 수액이었고 그 기원이 됐다는 사실은 이제 백운산을 설명하는 수식어로 통한다. 게다가 백운산에서 뻗어내린 지산인 백계산의 옥룡사는 도선국사가 35년간 참선한 곳이기도 하고 봉강면 부저리 저곡마을은 조선 전기 중종 때의 문신으로 22세에 진사에 합격해 사헌부 헌납, 대 홍문관 수찬을 거친 신재 최산두가 태어난 곳이자 그의 묘역이 있는 마을이다.

이처럼 다양하고 특별한 역사의 맥이 학문과 예술로 승화된 걸까. 백운산은 조선시대에서 현대에 이르기까지 유학자나 시인들이 시문을 남기는 영감의 소재가 되고 사진작가와 화가들의 창작공간으로 자리매김하면서 자연적 역사, 문화, 학술적으로 가치를 인정받고 있다.

이쯤에서 의문이 생긴다.

'백운산을 아는 국민들이 얼마나 될까?'

'스토리텔링과 관광마케팅 등을 통한 홍보는 어느 정도 되고 있을

까?'

'백운산의 매력을 광고, 소셜 미디어, 축제, 관광상품 등과 유기적으로 개발하는 작업은 진행되고 있을까?'

많은 지자체가 관광지를 개발한다면서 수많은 세금을 들여 각종 건축물과 조형물, 인공 정원과 식물원 등을 개발하고 있다. 광양은 이미 백운산이라는 천혜의 관광지이자 식물의 보고를 가지고 있기에 관광과 서비스 상품을 개발하고 홍보만 잘해도 지역경제에 큰 기대효과를 가져올 수 있다.

우리에게 주어진 자연의 선물은 있는 그대로를 잘 보존하면서 경관, 공기, 역사의 숨결 등등등 그 혜택을 누리면 된다. 땅을 파고 건물을 짓고 시설을 만드는 것은 자연에 대한 배신이자 우리 스스로를 자해하는 일이나 다름없다. 그래서 나는 제안한다. '백운산을 생활체육의 측면에서 활용하는 것은 어떻겠는가'라고.

백운산에는 봉강에서 다압까지 수십 킬로미터의 임도들이 있다. 기후 위기로 인한 대형산불로 임도를 새롭게 만들거나 확대시키는 것에 대해서는 긍정과 부정이 공존한다. 그렇다면 이미 존재하는 임도의 활용도를 높일 필요가 있다. 트레킹, 산악마라톤, 산악자전거 등과 같은 전국 규모의 대회를 유치하는 등 생활체육인들이 광양을 연중 찾아오도록 하면 좋지 않겠는가 싶은 것이다. 더 나아가 범위를 넓혀 망덕포구에서 매화마을, 금천계곡 등을 아우르는 섬진강 코스와 백운산 코스를 연계해 울트라 마라톤의 성지로 만드는 상상을 현실로 실현할 수도 있을 것이다.

생활스포츠 인구가 연중 내내 백운산과 섬진강을 찾는다면 인접한 마을의 펜션 등 숙박과 음식점, 카페, 편의점 등의 경쟁력은 저절로 올라가고 인기가 높은 곳은 줄을 서는 명소로 거듭날 것이다.

문화관광 자원은 인공적으로 만든다고 만들어지지 않는다. 이제부터라도 우리 광양은 천혜의 관광지 백운산과 섬진강을 활용하는 방안을 찾아 나서야 한다. 숨겨진 역사와 스토리를 발굴하고 그것을 관광 자원화시킬 때 불필요한 예산 낭비와 시행착오를 줄이는 일이자 '썬샤인 광양'을 더욱 빛나게 만드는 지름길이 될 것이다.

전세 사기,
법률자문단으로 대응하자

지난 몇 년간 전국 서민들과 청년층을 불안하게 만든 최대 이슈는 다름 아닌 '전세 사기'였다.

보증금 1억 원 이하의 소액 전세부터 신축 오피스텔, 아파트까지 다양한 사례가 수없이 발생했고 피해자들은 여전히 고통에 시달리고 있음에도 청년층을 노린 전세 사기 수법은 점점 교묘해지고 있다는 소리도 들린다.

이쯤 되자 일부 지자체에서는 '전세 사기'에 당하시 않도록 공인중개사협회와 협력해 지역별 '자립준비청년 부동산 중개 도우미'를 위촉하고 운영하는가 하면 임대차 계약 경험이 부족한 사회초년생과 청년층을 위한 맞춤형 전세 사기 예방 안내서를 발간했다는 게 뉴스로 등장하기도 했다. 21세기 선진 국가로 불리는 대한민국에서 어떻게 '전세 사기' 같은 말도 안 되는 일이 벌어지고 있는지 씁

쓸하면서도 한편으로는 화가 치밀어 오른다.

광양시는 전라남도 내 전세 사기 피해자 중에서도 그 수가 가장 많은 지역으로, 광양시민 202세대가 160억 원대(피해자 단체가 밝힌 2025년 7월 현재 통계) 사기를 당했으며 전체 피해자의 약 67%가 광양제철소 및 공공기관 종사자라고 한다. 이 중 교육계 종사자, 자영업자도 적지 않은 것으로 나타났다. 이쯤 되면 인구 15만의 소도시에서 심각한 문제가 발생한 셈이다.

이같은 상황에 과연 우리 시는 어떻게 대응했을까? 지난해 10월 16일 정인화 시장과 전세 사기 피해자들이 광양시청 후문에서 만나 대화를 나눈 것으로 알려졌다. 이날 정 시장은 "'피해를 방지하기 위한 예방 조치가 가장 중요하며 현재와 같은 피해가 반복되지 않도록 하는 것이 시의 최우선 과제'라고 설명하면서 광양시의 재정적 한계와 인력 부족 문제를 언급하고 모든 대책을 한꺼번에 해결하기 어렵다는 현실을 강조했다."고 한다.

피해자들은 이 같은 시의 예방 중심 접근이 현실과 동떨어진 대응이라고 꼬집으며 '예방책이 아닌 즉각적이고 실질적인 구제 방안이 절실하다'는 입장과 '지자체가 형식적인 관심만 보이고 있다'는 불만을 드러냈다고 한다.

그리고 1년이 지났다. 지역사회가 안고 있는 문제점을 살피고 있던 나는 7월에 전세 사기 피해자들을 만나 그들의 얘기에 귀를 기울였다. 그들의 말에 의하면 달라진 것은 아무것도 없다는 것을 알 수 있었다.

자영업자인 한 피해자는 "시가 무책임한 태도로 일관해 왔으며 인력 부족 문제를 핑계로 대책 마련을 지연시키는 것은 잘못됐다."고 말했다. 또 다른 피해자는 "우리의 목소리에 반박만 할 게 아니라 즉각적이고 실질적인 조치를 보여줘야 하는데 여전히 원론적이고 형식적인 태도를 보이고 있다."며 분통을 터트렸다.

그에 앞서 지난 6월 한 언론에는 광양시가 전세 사기 피해자 지원 및 주거안정에 관한 특별법 시행에 따라 시청 건축과에 시민들의 재산권 보호와 피해구제지원을 위한 상담창구를 설치했다고 했지만 피해 당사자들로서는 그에 따른 이렇다 할 해결책이 없었고 도움이 되지 않았다는 셈이다.

마음 먹고 계획적으로 달려드는 사기꾼 앞에서는 그 누구도 당해낼 재간이 없다고 했다. 전세 사기를 원천적으로 막을 근본적인 예방책은 쉽지 않다. 광양시도 예외는 아닐 것이다. 다만 사회에 첫발을 내딛는 청년들을 위해 결혼, 주택, 일자리 등에 대한 정책에 관심을 기울이고, 특히 전세 사기 예방과 피해구제를 위한 대책 마련에 노력하는 것은 시의 당연한 책무인 게 맞다.

현재 광양시는 조직의 규모에 비해 법률팀이 턱없이 부족하다. 변호사 등을 직접 채용하여 시청의 법률팀 규모를 늘리고, 변호사, 법무사, 노무사, 행정사 등으로 법률자문단을 구성해야 한다. 일상적으로 발생하는 시민들의 안전문제, 행정과 민원인 간의 법률 리스크 대응, 전세 사기와 임대아파트 부도 사태 발생 시 법률적 지원과 사전 예방교육 등 각종 법률 문제를 전담하면서 해결하는 창구를 만들어야 한다.

누군가는 예산을 걱정할 수도 있겠으나 결코 그렇지 않다. 많은 예산이 들지도 않는다. 시장의 마인드와 관심만 있어도 각종 법률 리스크의 상당 부분 해소가 가능할 것이라는 게 실제로 시 공무원으로서 일했던 나의 생각이다.

농어촌의 지속 가능, '기본소득'에서 찾자

인구 소멸 지역은 갈수록 늘고 있고 산업 분야는 인공지능과 로봇이 사람의 노동력을 대체하는 시대다. 이같은 시대 흐름에 편승해 장기적으로는 도입이 필수불가결한 요소로 등장한 것이 바로 '기본소득'이다.

보편적 복지와 함께 일명 '보편적 기본소득'으로 불리는 기본소득은 수여자의 사전 기여분 유무에 관계 없이 국가에서 최소 생활비를 지급하는 제도다. 따라서 재산이나 소득의 유무, 노동 여부나 노동 의사 등과 관계없이 사회 구성원 모두가 기본소득의 수여 대상자가 된다.

우리나라는 연천군에서 2022년 전국 최초로 농촌기본소득을 실시했다. 경기도가 농촌인구 유입, 주민 삶의 질 향상, 농촌경제 활성화 등을 목적으로 농촌 지역 주민 모두에게 1인당 월 15만 원씩

지역 화폐를 지급하는 농촌 기본소득 사업으로 청산면에서 시범적으로 실시하고 있으며 내년 12월까지 진행된다.

신안군의 햇빛연금과 햇빛아동수당 제도도 기본소득의 한 갈래로 주목받고 있다. 햇빛연금은 군이 유휴 부지를 태양광 에너지 발전원으로 활용하고 여기서 나온 수익을 주민에게 지급하는 정책으로 2018년부터 시행하고 있는 '마을자치연금'의 대표적인 사례다. 2023년 5월부터는 18세 이하 아동에게는 햇빛아동수당도 추가로 주기 시작했다. 첫해에는 1인당 40만 원이었던 것이 지난해엔 80만 원, 올해엔 120만 원으로 계속 늘었다.

이같은 사례가 전국 농어촌에 미친 영향력은 매우 긍정적인 것으로 보인다. 농어촌 기본소득은 이재명 대통령의 대선 공약이자 새 정부 국정과제에 포함되어 있다는 것도 전국민적 관심을 집중시키면서 농어촌 기본소득 시범사업에 지자체들의 관심을 뜨겁게 달구고 있다.

정부는 지방분권 균형 발전법에 따라 농어촌 소멸 위기, 지역 간 격차 심화 등 국가적 문제를 극복하고 균형발전으로 나아가기 위해 소멸 위험이 큰 농어촌 인구 감소 지역을 대상으로 내년부터 실시에 들어간다. 이에 따라 인구 감소 지역으로 지정된 69개 군을 대상으로 사업 신청을 받은 결과 전국에서 49개 군이 신청해 8.2대 1의 경쟁률을 기록했다. 전남 지역의 경우 14개 군이 신청했다고 한다. 정부는 내년에 6개 군을 공모해 주민 24만 명에게 월 15만 원을 지급할 계획이며, 2년간 실시할 예정이다.

그렇다면 과연 기본소득은 얼마나 효과적인 제도일까? 연천군

청산면과 신안군의 사례를 보면 그 답을 알 수 있다. 연천군의 경우 고령 인구의 자연 감소로 인구 감소세를 보이고 있지만, 기본소득 사업이 시행된 청산면은 4.4%가량 인구가 증가했다고 한다. 신안군 또한 태양광 풍력발전을 활용한 신재생에너지 개발 이익을 주민과 공유하는 이 정책을 도입한 결과 최근 3년 연속으로 신안군의 인구를 늘리며 지방소멸의 강력한 해법으로 스포트라이트를 받고 있다.

아직은 이른 판단일지 몰라도 선진국과 중진국을 불문하고 전 세계에서 기본소득을 성공한 나라는 없었음에도 불구하고 국내 사례에서 나타나는 이 같은 긍정적인 효과는 기본소득 정책의 내일을 밝게 해주고 있는 게 분명하다. 게다가 전문가들이 말하는 '기본소득은 국민 경제 계정상 투자로 봐야 하며, 새로운 가치를 창출해 내는 마중물'이라는 점도 결코 틀리지 않는 논리로 비춰진다.

우리나라 산업화의 이면에는 농촌과 농업인의 희생을 부인할 수 없다. 우리 광양은 산업도시이면서 농촌 지역이 있는 도농복합도시의 특성을 지녔다. 상대적으로 재정 여력이 있는 반면에 농촌 인구가 많다고 볼 수도 없는 도시다. 광양이 인구 감소 지역이 아니라 정부 시범사업에 반영되지는 못하지만, 그렇다고 농어업에 종사하는 소수의 처지와 입장을 나 몰라라 할 수 없는 일이며 미래 장기적인 차원에서 볼 때는 기본소득이 남의 일이라고 볼 수는 없다.

그렇다면 마냥 손 놓고 있어서는 안 될 일이다. 시에서 전략을 짜고 정부의 추가사업에 반영을 요청하는 방법을 찾으면 충분히 할 수 있다고 판단한다. 시민들과 시의회, 전문가 등으로 공론화 위원회를 만들고 대상농업인, 예산 규모와 재원확보방안, 지급방법 등을 집단지성으로 찾으면 된다.

첨단산업 시대에 인간이 생존할 수 있는 국가적 전략과 사회적 합의의 단초를 농어촌 기본소득에서부터 찾아야 한다는 것이 '다함께 더불어 사는 행복한 지자체'를 지향하는 나의 모토이기도 하다.

교통이 곧
도시의 행복이다

"대중교통은 좋아?"

"기차는 다녀? 전철은?"

어느 도시든 누군가 이사를 했다고 하면, 또 해외든 국내든 여행을 한다면 가장 먼저 궁금해하며 묻는 질문이다. 현대인의 삶 속에서 이동권은 삶의 질을 대신 말하는 바로미터다. 그러니 교통의 편리한 혜택을 누리는가? 그렇지 못한가?는 곧 삶의 행복을 좌우하는 관건으로 작용하는 게 요즘 현실이다.

얼마 전 서남쪽 진도군에서도 목포에서 진도항을 잇는 57km 구간의 진도 고속철도를 제5차 국가철도망 구축계획에 반영해야 한다는 주장과 함께 범군민대회를 열었다는 소식을 접했다. 고속철도 KTX가 순천역을 지나 여수 엑스포까지 이어진 지 이미 14년이 지났다. 여전히 광양시로서는 KTX의 혜택이 마치 남의 얘기처럼 들린다. 순천역과 인접해 있는 광양읍 일부만이 그 혜택을 누릴 뿐 중마동 등 동부지역과 면지역 거주 시민들에게는 교통 혜택의 체감이 그리 와닿지 않는다. 여전히 이용이 불편한 현실이다.

현지인들이 겪는 교통 현실이 이러한데 외지에서 찾아오는 방문객이나 관광객들은 어떨까? 외지에서 손님이 올 때마다 승용차 픽업을 나가야 하는 일상이 지속되고 있다. 예의상 행하는 게 아니다. 서울에서 세 시간을 달려 내려 오지만 정작 현지에 와서는 버스를 타고 동광양까지 이동하는데 버스를 갈아타야 하고 이래저래 한두 시간은 훌쩍 지나가니 시간낭비를 줄이기 위해서라도 어쩔수 없는 일이 일상이 됐다.

그렇다면 시내 교통은 좋은가? 광양시민 십중팔구는 광양시 내에서의 이동에 불편함을 호소한다. 이 책을 내면서 시민들의 다양한 소리를 듣고자 고등학생과 대화를 나눈 적이 있다. '광양의 청소년으로서 생활에 애로점이 있다면 무엇인가?'라는 질문에 학생은 말했다.

"보통 오후 5시가 되면 하교를 하는데 귀가 시 교통이 많이 불편하다. 버스는 20-30분에 한 대씩 오는데 주변엔 학교가 여러 곳이어서 같은 시간에 학생들이 버스정류장 한 곳으로 몰리다 보니 매우 혼잡하다. 그야말로 콩나물시루다. 이런 문제가 있다는 것을 시에서 알아줬으면 한다."

지금은 2025년도다. 마치 1970년대 1980년대의 교통 현실 얘기를 듣는 것 같아서 선배시민으로서 한편으로는 여간 미안하지 않을 수 없었다.

올 들어 지난 8월 광양시가 시민 중심의 교통환경 개선을 위해 현장 중심 행정을 강화하고자 '현장 소통의 날'을 맞아, 광양항 배후도로 확포장 공사 현장을 비롯한 주요 도로 5개소를 직접 점검하며 교통 불편 해소 및 도시 안전 강화를 위한 실질적인 방안을 모색했다고 한다. 이때 시청 후문 주정차 문제, 광양항 배후도로 확장, 도시계획도로 개설, 도심 내 회전교차로 설치 등 다양한 교통 현안을 다뤘고, 시민의 일상에 밀접한 불편 해소를 최우선으로 삼았다고 한다.

도로개설과 확장도 중요하다. 하지만 정작 대다수 시민들이 대중교통을 이용해 도시 전역을 자유롭게 왕래할 수 있는 피부에 체감하는 정책이 다뤄지지 않아 아쉬움이 남는다. 승용차를 집에 두고 대중교통을 이용해 광양읍권과 중마권을 교류하면서 소비와 관광을 하는 시스템을 만늘어야 지역의 부(富)가 타지역으로 이동하지 않는다.

광양시가 처한 교통난은 크게 두 축으로 나눠서 해결의 실마리를 찾아야 한다. KTX 유치는 반드시 이루어야 할 우리의 목표다. 다만 우리의 노력만으로는 어려운 일이기에 당장은 아니더라도 산업, 관광 등 신동력을 만드는 등 계획을 세워 KTX가 유치될 수밖에 없는 여건을 조성해야 한다. 우선은 특히 KTX를 이용하는데 불편이 큰 중마동 등 동부지역과 광양읍, 순천역을 연결하는 직통

셔틀버스나 시내버스를 운영하는 것이 그나마 시민 불편을 해소시키는 데 도움이 될 것이다.

또 하나는 현실적으로 얼마든지 가능한 시내 교통시스템의 정비다. 시내버스 노선 시스템에 있어서 광양읍~중마동~금호동을 30~40분 내에 연결하는 직통버스 주 노선을 중심으로, 광양읍권, 중마골약권, 광영금호권. 면지역권을 마을버스 개념으로 운영하면서 주 노선에 연결하는 교통체계 전면 개편을 적극 검토해야 한다. 광양 동 서부 지역 간 물리적 거리를 좁히고, 왕래가 원활해야 진정한 도시통합을 이루고 지역발전의 동력을 모을 수 있다.

한편 더 나아가서는 현재 광양역에서 광양산업단지를 잇는 광양제철선을 대중교통 내지는 관광철도로 확대 활용하는 방안도 검토할 필요성이 다분하다. 비근한 예로 지난 9월 말 처음 선보인 '목포~보성' 철도 노선이 개통 한 달 만에 승객 이용률이 130%에 이르는 등 기대 이상의 실적을 나타냈고 이로 인해 향후 남해안권 관광과 교류 활성화에 청신호가 되고 있다는 소리가 들려온다.

시를 경영하는 시장과 공무원들이 '우물 안 개구리'의 한계에 머물러서는 안 된다. 광양시의 교통혁신은 도시 성장의 대계나 다름없는 만큼 대대적인 프로젝트 수립과 함께 실행으로 옮기는 전략이 한시가 급한 상황이다.

주시면

하겠습니다!

3부

광양!
시민이 주인입니다

"장기적인 차원에서 인구에 대한 해법을 찾기 위해서는 무엇보다도 0세부터 20대 중반에 해당하는 '출생부터 청년자립까지'의 시기만큼은 출산, 육아, 교육, 자립기반구축에 있어서 안전할 수 있도록 차별 없는 복지정책 시스템을 마련하는 길이 우선돼야 한다. 그것은 시장이 발 벗고 나서야 할 일이다."
– '태어나서 청년자립까지의 해법' 중에서

" '시장'이라는 자리는 현장 감각이 남다르고, 공무원들의 생리를 잘 읽어내 능력을 최고조로 발휘해야 하며 분초를 다투는 현대 사회에서 정확하고 신속한 판단과 결정, 그리고 책임감이 투철해야 하는 자리다. 나는 수십 년의 훈련 과정을 자연스럽게 거치고 체득해왔다. 그러니 다시 재도약하고 생동감이 넘치는 광양을 만드는 데 내가 나서야겠다는 다짐이다."
– '이충재가 '내일'이라는 이유' 중에서

“일 잘하는 시장이 되겠습니다.”

‘시민들이 찾는 민선 9기 광양시장은 어떤 사람일까?’

누구든 대의명분을 내세워 ‘시장이 되겠다’는 입장이라면 가장 먼저 이 질문에 답할 수 있어야 한다. 과연 시민들이 차기 광양시장으로 어떤 역량과 자질을 또 마인드를 지닌 사람에게 표심이 기울어질까?

선뜻 그 답을 찾기가 어려운 일이다. 하지만 시민의 입장에서 고민하고 시민의 목소리에 귀를 열어 놓으면 답은 의외로 간단명료하지 않을까 싶다. 수려한 외모를 내세워 이미지메이킹을 내세운 사람, 듣기 좋은 말을 거침없이 유창하게 쏟아내는 달변가, 무늬만 그럴듯한 다양한 공약을 내세우는 이, 셋 중 하나가 답이 될까? 감히 결론을 내린다면 나는 딱 잘라 한 줄로 말할 수 있다. “시민들이 진정으로 만나고 싶은 광양시장은 '일 잘하는 시장'이다."라고.

우리 시는 지난 30여 년간 포스코의 경제적 영향력 뒤에 숨어 혁신과 도전에는 게으름을 피웠다는 것을 그 누구도 부인할 수 없다. 그간 이렇다 할 국가시책을 단 하나라도 펼쳐놓은 게 있는지 의심하지 않을 수 없는 게 그 중요한 단서다. 여수시가 '여수엑스포'를 순천시가 '순천만국제정원박람회'를 개최하여 국내는 물론이고 해외까지 도시를 알리고 경제적 파급효과를 얻는 동안 우리는 뭐 하나 제대로 실행으로 옮겨 보여준 게 있기라도 한가.

도시는 시민들이 오늘의 만족이 아닌 내일의 꿈을 꿀 수 있는 비전의 도시이어야 한다. 그 청사진을 제대로 펼쳐 보이고 남다른 추진력으로 실행으로 옮겨 가는 것이 바로 시장이 해야 할 일이며 일 잘하는 시장으로 신뢰와 인정을 받을 것이다.

나는 광양시 미래를 이끌 큰 그림으로서 세 가지 프로젝트를 제안하고 그에 집중해야 한다고 못 박는다. '글로벌 철강 항만의 도시', '문화적 욕구가 충족되는 도시', '여순광 통합도시'가 바로 그것이다.

철강 항만은 우리가 지금까지 유지해온 가장 큰 경제 무기이자 자산이다. 십 년이면 강산도 변한다고 했건만 사실 우리는 지난 30여 년을 보내면서 발 빠른 대처와 변화를 이끄는데 최선을 다했다고 말할 수 없다. 자칫하면 지금까지 끌고 온 경쟁력마저 무너질 위기다. 관련 분야 전문가가 아닐지라도 광양시민이라면 이런 기조를 눈으로 훤히 보고 있다.

철강과 항만에 대한 집중과 변화는 내일이 아닌 오늘 당장 우리 앞에 놓인 과제다. 부산도, 창원도, 평택도 한국을 대표하는 글로벌 항만도시로서 거듭나겠다는 야심으로 제각각 의욕을 불사르고 있는 만큼 광양항을 어떻게 확대 성장시킬 것이지, 기후환경과 탄소 제로 시대를 맞아 현실이 요구하는 철강산업을 어떻게 변신시킬지에 대해 발 벗고 나설 때다.

문화는 지금 광양시민이 애타게 갈구하고 있는 것 중 하나다. 10대 학생들은 물론이고 중년층까지 쏟아내는 원성이 "우리가 주말이면 왜 주변의 대도시로 향하는지 아는가?"이다. 하루 세 끼 먹고 사는 것을 걱정하던 시대는 지났다. 이제는 무엇을 보고 느끼고 또 어떻게 여가와 휴식을 즐겨야 하는가에 대한 답을 광양시가 내놓아야 할 때다. 시민들의 문화적 욕구 충족을 시켜주는 것은 대형 쇼핑센터를 건립하고 출렁다리나 케이블카를 설치하는 것이 전부가 아니다. 그것은 어쩌면 눈으로 보여주는 한낱 쇼로 그칠 우려가 다분하다.

시민의 일상에 문화가 공존하고 주말의 휴식을 광양에서 풀어놓을 수 있게 하는 '문화도시! 광양'을 만들기 위해서는 가장 먼저 기존의 우리 것을 다시 살려내고 새로운 트랜드를 입힐 수 있는 문화 콘텐츠를 발굴하는 것이 핵심이다. 우리만의 차별화된 문화가 빛을 발할 때 그 속에는 소상공인도 함께 활력을 찾을 수 있다는 일거양득의 가치 또한 포함돼 있다.

시민이 반길 수 있는 또 다른 프로젝트는 '여순광 통합도시' 추진이다. 이미 화두가 되고 있음에도 속도가 나지 않는 일이기도 하다. 3개 도시 시민들 입장과 지자체들의 이해관계를 풀어서 다시 하나로 매듭지어야 하는 일이기에 지자체장의 리더십과 추진력도 중요하지만 그에 앞서 사회적 합의를 끌어내는 게 무엇보다도 급선무다.

먼저 통합을 이룬 타 시의 사례를 보면 그 답이 나온다. 특례도시 창원의 경우 기존 마산, 창원, 진해 3개 도시 서로 다른 역사와 특징 그리고 시민들의 바람이 합의를 이루지 못한 채 시간만 15년 흘렀다는 아쉬움과 불협화음이 언론을 통해 여러 차례 밝혀졌다. 통합 후 불거진 문제 중 하나가 시민의 목소리가 반영되지 않은 채 사회적 합의가 미약했다는 것이다. 통합 성공의 첫 단추를 꿰는 것은 바로 사회적 합의다. 시민, 사회단체, 지자체, 기업 모두가 공론의 장에 나와 함께 고민하고 혜안을 모으는 일이 통합의 초석이라는 사실에 주목해야 한다는 게 나의 지론이다.

큰 틀에서의 의견을 제시한 광양의 미래를 이끌 이같은 세 가지 밑그림을 그리기 전에 그간 나는 수 없이 고민하며 시민들의 의견을 듣고 전문가들의 견해를 얻고자 노력했다. '일찍 일어나는 새가 먹을 게 많고 높이 나는 새가 가장 멀리 본다'는 말이 있듯이 나에겐 이미 그 설계도가 확보된 만큼 실행을 위한 기회만 다가오길 기다리는 중이다.

"청렴한 행정, 투명경영은 기본입니다."

대외적인 신뢰도와 인정은 곧 지자체의 비전을 밝게 내다보고 시민의 행복지수를 엿볼 수 있는 바로미터로 작용한다. 어딜 가도 '나는 ○○시에서 산다'는 자신감으로 이어지기 마련이다. 이런 관점에서 볼 때 해마다 연말이면 국민권익위원회가 발표하는 '공공기관 종합청렴도 평가'는 해당 지자체의 성적표이자 얼굴이나 다름없는 역할을 한다.

지난해 연말 '보성군이 청렴한 행정으로 전국 지자체의 자존심을 지켜가고 있습니다'라는 뉴스를 접했다. 2024년 공공기관 종합청렴도 평가에서 3년 연속 최고 등급인 1등급을 기록했다고 한다. 같은 도민으로서 박수를 보내는 것은 당연지사이지만 한편으로는 "그러면 우리 광양시는?"이라는 질문을 던지면서 공허함을 느껴야만 했다.

광양시는 지난 2018년 전남에서 유일하게 종합청렴도 1등급을 받은 지자체였고 2019년에도 1등급을 받으면서 2년 연속 1등급을 유지했다. 하지만 2020년에는 4등급으로 추락했다. 2021년도엔 2등급으로 올라섰지만 2022년 3등급에 이어 2023년도에는 다시 4등급으로 내려 앉았고 지난해에는 3등급이었다. 올해는 과연 몇 등급이 나올지 궁금할 수밖에 없다.

지난 2023년 4등급을 받은 것과 관련 당시 감사실 관계자는 '청렴 체감도와 청렴 노력도에서 3등급을 받은 데다 부패실태 평가에서 전임 시장 관련 감점 요인이 있었다'고 했고 '청렴도 향상을 위해 특별한 시책을 발굴해 전 직원 대상 청렴 교육을 실시할 계획'이라고 했다. 그럼에도 불구하고 지난해 고작 한 단계 올라섰으니 안타깝기 그지없다.

종합청렴도 평가는 공공기관과 업무 경험이 있는 십만 명이 훨씬 넘는 인원과 기관 내부 공직자 등 20만 명 이상이 참여한 설문조사 결과다. 그러니 시는 공직자 역량을 강화해 시민에게 신뢰받을 수 있도록 노력해야 하건만 그 부분에서 소홀했다는 지적을 피해갈 수가 없을 터이다.

청렴도 결과에는 무엇보다도 지자체의 수장인 시장과 군수의 능력 부족이나 비리와 부정부패가 큰 영향을 미친다. 우리 시도 다 시군들도 마찬가지다. 다만 지자체장의 임기 특성상 취임 당해 연도는 하반기만 이끌었기에 전임자의 문제로 인한 여파가 크게 작용할 수밖에 없는 것이 사실일 것이다. 하지만 임기가 4년인 만큼 현직 수장이 청렴도 개선을 위해 개선의 노력에 집중했다면 2년 연속 3, 4등급을 오가는 결과를 낳았을까 하는 의문을 갖지 않을 수 없다.

청렴도 추락은 시민의 만족과 행복지수 추락으로 이어진다. 공공기관 종합청렴도는 결과적으로 지자체의 수장이 책임져야 할 부분이다. 본인 자신의 문제든 함께 일하는 공무원들의 부정부패이든 리더로서의 능력과 노력 여부에 따라 좌우되기 때문이다.

우리 광양시 행정의 현주소를 공직 경험이 풍부한 나의 시선으로 냉정하게 판단해 볼 때 '조직 방만'을 가장 큰 문제라고 꼬집지 않을 수 없다. 각 부서는 지나치게 세분화돼 있어 상호 협력보다는 엇박자가 나거나 업무를 서로에게 미루는 행태가 존재하는 것은 아닌가 하는 의문이 던져진다. 또한 인사에 있어서 정치적 거래에 의한 연줄이나 아부가 존재하지 않는다는 장담은 그 누구도 못할 거라는 의구심이 앞선다.

문제 해결의 길은 있다. 시 조직은 시민 편의 중심으로 개편해야 하며 인사시스템은 구성원 개개인의 능력 중심 평가를 통한 승진제도를 도입해야 한다. 시를 이끌어 가는 수장이 청렴하고 공무원들이 시의 파수꾼으로서 보람을 갖고 일할 수 있는 조직과 인사시스템을 구축하는 것이 그 해답이 될 것이다.

내가 그 중심에 선다면 결코 어려운 일이 아니라는 입장이다. 인사 시스템과 조직개편은 돈 들이는 일도 아니고 오로지 냉정한 시각으로 시 내부 조직을 들여다보고 바로 잡으면 될 일이고 청렴도는 리더인 나부터 지금껏 살아온 자세로 임하면 된다. 그것이 답이다.

'시민주권 시대'를 열자

〈더 많은 권력을 시민에게〉_ 부제 '시민주권 시대, 직접 민주주의를 말하다'는 책이 있다.

시민주권과 민주주의에 관한 내용을 담고 있는 이 책의 저자는 이탈리아의 경제학자이자 사회학자이며 교수 및 언론 기고가로서 지방 행정과 경제 그리고 사회 연구로 활약 중인 토마스 베네딕토다.

책에서 저자는 "민주주의는 단순히 자신의 의견을 주장하는 것만이 아니라 타인이 제안하는 진지한 정치적 안건을 듣고 토론하고 결정하는 것으로 직접 민주주의는 시민들의 정치적 행동반경을 확대하면서 일방통행식 결정구조를 약화시킨다."고 말한다. 또 "전반적 삶의 만족도는 개별적 요인들이나 경제적, 사회적 요인들만이 아니라, 더 넓은 의미의 정치적 권리, 곧 자신에게 더욱 밀

접하게 관련된 결정 과정에 참여할 기회를 갖는 것으로도 결정된다."고 말한다.

국내에서는 지방 자치 제도를 흔히 '풀뿌리 민주주의'라고 칭한다. 우리나라는 지난 1995년 4대 지방 선거가 동시에 실시됨으로써 새로운 지방자치시대 출발을 맞게 되었다. 지방자치제는 지방의 행정을 그 지방 주민이 선출한 대표자를 통해 자율적으로 처리하는 제도로 이를 통해 '국민주권시대', '시민주권시대', '주민주권시대'라는 말은 정치권의 단골 슬로건이 됐다. 소수 정치적 엘리트 집단에 의해서 정치권력이 행사되는 것을 멀리하고, 평범한 시민들이 지역 기반의 의사 결정 과정을 거쳐서 지역공동체의 운영과 생활의 변화에 참여하는 민주주의의 주인이어야 한다는 얘기다. 다시 말하면 시민들을 삶과 관련한 의사 결정의 주체로 세운다는 것이다.

지자체 행정에서는 지역주민들이 지방의회의 예산을 계획하고 실시하는 일에 참여하는 '지역참여예산제'를 풀뿌리 민주주의의 대표적인 사례로 내세운다.

시민주권 시대를 내세운 지방자치체가 민선 1기로 본격적으로 출발한 지 만 30년이 흘렀다. 그렇다면 과연 우리에게 '시민주권시대'는 왔을까? 나는 결코 아니다는 입장이다. '시민주권시대'라는 말이 난무하는 가운데 일부 정책 연구소나 시민단체에서는 관련 교육이나 세미나도 열고 나름 시민주권시대가 뿌리내려야 한다는 열정을 불사르고 있지만 아무리 봐도 내실면에서는 아직 도래하지 않았다는 생각이 지배적이다.

'지역참여예산제'가 시행되고 있지만 얼마나 효과적으로 진행되고 있는지 그 내실에 있어서는 높은 점수를 받지 못하는 지자체가 다수다. '시민주권시대'에서 시민들이 자신이 낸 세금으로 만들어진 예산에 대해 의견을 방영할 수 있는 통로는 주민참여예산제나 시장과의 대화 같은 통로가 전부일 것이다. 그러나 현실은 주민참여예산제나 시장과의 대화가 목소리 큰 이들의 민원 해결 통로가 되는 것은 아닌지 깊은 성찰과 대안을 고민해 봐야 할 시점이다. 광양시도 마찬가지다. 시민들의 다양한 의견이 반영돼야 하지만 일부 지역활동가나 목소리 큰 이들이 중심이 되어 논의되고 진행되는 수준에서 벗어나지 못하고 있다. 지역 비전 예산 방향에 대한 촘촘한 논의와 마을 단위 숙원사업 지원이 현실성 있게 이루어져야 하지만 그에 못 미치는 수준이다. 또한 시의 대형사업은 관 주도하에 이루어지면서 주민들의 의견이 녹아들지 못하고 있다. 따라서 주민참여예산제도의 안정적인 정착은 아직도 갈 길이 먼 게 지자체들의 현실이다.

주민참여예산제가 성공하려면 시민들이 이 제도에 대해 알고 참여할 수 있도록 홍보와 활성화 방안이 수립돼야 하지만, 현실은 쉽지 않다. 너무나 멀게 느껴지는 시민과 참여예산제 사이의 간극을 어떻게 좁힐 것인지도 숙제다. 시민들이 예산에 대해 공부하고, 참여를 통해 성장하는 모델을 만들어야 하고, 주민참여예산제도에 참여하는 시민들에게 공적마인드를 함향하는 운동이 다각도로 병행되어야 한다.

토마스 베네딕토의 주장처럼 시민들의 정치적 행동반경을 확대

시켜 권력을 지닌 소수에 의한 일방통행식 결정구조를 약화시킬 수 있다. 그래야만 말로만 '시민주권시대'가 아닌 진정한 시민주권 시대가 현실이 된다.

소상공인, 자영업자와 함께 가는 길

시대가 바뀌면 그에 편승해 모든 것이 바뀐다. 코로나19를 거치면서 또 급속한 AI기술의 확산으로 우리 사회의 소비문화는 온라인 마켓 확대와 대형화 추세가 더욱 거세졌다. 폭풍우를 몰고 오듯 최근 몇 년 새에 일어난 새로운 실물 경제 흐름 속에서 생업의 위기에 처한 대표적인 이들은 다름 아닌 골목상권에서 서민경제를 이끌어 오던 유통업과 서비스업 분야의 자영업자들과 소상공인들이다.

신선식품 의류 공산품은 물론이고 배달음식까지 생활 전반에 설쳐 필요한 물품을 취급하는 온라인 쇼핑몰의 대명사인 쿠팡의 성장세를 보면 그들의 위기감은 어느 정도인지 한 눈에 알 수 있다. 쿠팡의 지난해 매출은 41조 2901억 원(302억 6800만 달러)를 기록했다. 전년(2023년 31조 8298억 원 · 243억 8300만 달러) 대비 무려 29% 증가한 수치다. 연 40조가 넘는 매출 달성은 국내 유통기업 중 최초로 로켓배송 · 로켓프레시 · 마켓플레이스 · 로켓그로스 등의 핵심 '프로덕트 커머스'의 호조세가 긍정적인 영향을 미쳤던 것으로 알려진다.

이런 현실에서 지난 2017년 광양읍 순광로 466번지에서 개장한 아울렛 'LF스퀘어 테라스몰 광양점'은 호남지역 최대 규모로 위세를 떨치면서 패션, 외식, 오락시설, 생활문화 등 전 공간을 구성하고 순천 광양 시민들을 흡수하고 있다.

이에 더해 앞으로 대형 창고형 회원제 할인매장인 코스트코가 순천 선월지구에 4만6천㎡ 규모 매장으로 2028년 하반기 개점될 예정이다. 개점 시 연간 1,300만 명이 유입될 것으로 추산된다. 서민경제의 뿌리로 이어져 온 자영업자들과 소상공인들로서는 엎친데 덮치는 격으로 그야말로 심각한 상황이다.

시장경제를 유지하는 자본주의 민주주의 국가에서 대형유통업체와 온라인 쇼핑몰들의 득세를 막을 길은 요원하다. 피할 수 없다면 관광인프라나 지자체 세수 차원에서라도 우리 시에 입점하는 대형 쇼핑몰들과의 협력방안을 시가 수노해나가는 길이 그나미 최선책일 것이다. 우리 광양은 대규모 택지개발과 산업단지 배후 수요가 풍부해 코스코로서는 유통 인프라 유치의 최적지라는 평가를 받아왔다. 하지만 이마저도 순천시로 넘겨주는 꼴이 됐다.

이같은 결과를 지켜본 나로서는 실망감이 크지 않을 수 없었다. 시민들 사이에서도 "코스트코까지 순천에 빼앗기면 광양은 소비도, 문화도 다 흡수당할 것이다."는 위기감이 커지고 있는 게 현실이다.

지난 9월 우연한 계기에 있었던 언론사와의 인터뷰에서 나는 그야말로 울분을 토할 수밖에 없었다.

"코스트코가 순천 선월지구 입점이 확정됐다. 당초 광양시 입점이 유력했는데, 결국 순천으로 가게 되었다. 연간 1,000만 명 이상의 소비자가 순천으로 가게 된다. 이 중 광양 지역민도 상당수를 차지하게 될 것이다. 그렇다면 지역의 소상공인, 자영업자들의 피해는 불을 보듯 뻔하다. 지역상권의 피해는 피해대로 보고, 소비자(관광객) 유치는 먼산 불구경하듯 바라봐야 한다. 전략도, 대책도 없는 광양 행정의 현주소다."

지난 10월 말 한 뉴스에서 전남도가 코스트코 유치가 지역 경제 활성화를 견인할 수 있도록 기업과 소상공인 간 상생발전을 지원하겠다는 계획이라고 했다. 소상공인을 대상으로 500억 원 규모의 저리 경영안정자금과 특별보증을 지원할 예정이란다. 그러면서 김영록 전남도지사는 "코스트코 입점은 도민 행복과 관광 활성화, 정주 여건 개선 등 지역 경제 회복의 마중물이 될 전망"이라며 "지역사회와 상생할 수 있도록 소상공인 지원 강화와 상생협력을 적극 추진하겠다."고 했다.

'남해안 남중권' 공동발전을 이끌어야 할 도지사로서 말만 그럴듯하게 포장한다는 느낌을 지울 수가 없다. 더 숨 막히고 화가 나는 것은 광양시의 시장과 정치인들이다. '광양시를 위해 대체 뭘하고 있었는가'라고 묻지 않을 수가 없다.

우리가 꺼야 할 눈 앞의 다급한 불은 '자영업자들과 소상공인들을 어떻게 살릴 것인가?'이다. 대형마트와 온라인 마켓 대비 가격 경쟁력을 확보해야 하는데 결코 쉽지 않은 일이다. 유통구조에서 답을 찾아야 한다.

나는 유통전문가는 아니다. 시장이 된다면 TF팀을 꾸려 구체적인 전략안을 도출해야 하겠지만 지금으로서는 경쟁력 확보의 길을 제시한다면 생산자와의 직거래나 대형도매물류사를 통한 공동구매가 최선책이 될 것으로 내다본다. 또 이와 함께 노후화된 점포시설 개선, 주차장 지원이 뒤따라야 할 것이다.

그리고 또 한 가지를 꼽는다면 문화관광과 생활체육 활성화를 통한 생활인구를 대대적으로 늘려 자영업자나 소상공인들의 매출증가를 연계시키는 전략도 효과적일 것으로 판단된다.

태어나서 청년자립까지의 해법

'2100년까지 총 인구 3000만 명, 합계출산율 2.1명 회복'

인구 감소에 따른 불투명한 국가의 미래와 관련 최근 한반도미래인구연구원이 제시한 우리의 인구과제다. 우리나라 올해 합계출산율은 0.8명대로 예상됨에 따라 사회 전방위적 노력이 절대적으로 시급한 상황이다.

결혼과 출산에 있어서 마땅한 답을 찾기 어려운 시대다. 가족의 형태가 다양해지고 출산에 대한 인식도 예전과는 판이하게 달라졌다. 결혼과 출산은 개개인의 선택인 만큼 정부도 부모도 권유나 강요에 의해서는 그 해법을 찾을 수 없는 성질의 것이기 때문이다.

그나마 출산에 대한 한 가지 해법을 찾는다면 나는 '출산과 육아'

라는 근시안적 시각보다는 '출생에서 청년 자립까지'라는 큰 틀에서 해법을 찾는 게 맞다고 주장한다. 한 아이가 태어나서 성인이 되어 사회인이 될 때까지의 생애주기를 전제로 성장 과정별 보편적인 복지 지원을 해야 한다는 얘기다. 그래야만 결혼을 하여 가정을 구성한 시민들의 출산에 대한 부담과 자녀의 미래에 대한 불안까지 해소되면서 출산율 증가에도 긍정적이고 직접적인 영향력을 미칠 것이라는 견해다.

광양이 아이 키우기 좋은 도시라는 사실은 지자체 저출산 대응 우수사례 수상 이전에 이미 입소문이 나 있던 것이 사실이다. 전국 여느 지자체에서는 보기 드물게 우리 광양에는 비영리 재단법인 '광양시어린이보육재단'이 있다는 사실만으로도 그렇다. 그간 '아이 키우기 좋은 도시'를 수년째 내세우며 결혼 · 임신 · 육아 등에 많은 지원을 기울이고 있다는 점에서 그간의 노력에 흠을 찾아내고 싶은 생각은 추호도 없다.

다만 광양에서 치료가 필요한 아이를 출산하기 위해선 무조건 타 지자체로 가야 하는 현실을 거론하지 않을 수 없다. 이는 다시 말해 신생아집중치료실(NICU)을 갖춘 전문병원이 없다는 것으로 임산부나 아이 키우는 엄마들로서는 시급한 문제다.

전남은 총 25개의 신생아집중치료실(NICU)을 운영 중인데 순천은 2개소에 걸쳐 24병상, 화순 전남대병원이 1개 병상을 갖추고 있다. 그러니 아기엄마들 사이에서는 한밤중에 갓난아기들이 아프면 무조건 택시 타고 광주나 진주로 가야 한다는 말이 보편화돼 있다. 사랑병원이나 광양서울병원 응급실로 갈 수도 있지만 방문 당일 당직 의사가 소아청소년과 전공의일 경우에만 응급 처치가 가능하다.

2023년 8월 기준 광양에는 소아청소년과 진료를 운영하는 종합병원은 사랑병원과 광양서울병원 2개소가 있고 개인 의원 6개소에서 소아청소년과 진료를 받을 수 있다. 지역 산부인과는 5군데로 여성 · 아동을 위한 의료기관은 총 13곳이다. 그나마 분만과 연계해 산부인과와 소아과 진료를 같이 받을 수 있는 곳은 미래여성의원뿐인 것으로 알고 있다. 아쉽게도 아동청소년과를 전문으로 하는 '병원'은 단 한 곳도 없다. 그러니 아이가 건강하지 않거나 미숙아로 태어날 경우 엄마들의 심정이 어떨지 이해가 되고도 남는다.

시로서는 아이 키우기 좋은 도시가 되기 위해선 교육, 환경, 지원 등 다양한 요소가 존재하며 그중에서도 '의료'는 고려 대상이 아닌 필수적인 요소라는 사실에 주목해야 한다.

이뿐만이 아니다. 출산과 양육 장려금 지원에 있어서도 시민들의 불만이 적지 않다. 비근한 예로 광양은 포스코가 자리해 있는 산업적 특성상 가장이 광양에서 직장을 다니면서 인근 도시에서 거주하는 젊은층이 다수다. 이들 중엔 광양 토박이들이 많은 만큼 그들의 부모님들은 주로 광양에 거주하는 편이다. 하지만 출산 후 부모님의 육아 도움을 받고자 광양으로 이전해 오는 이들이 적지 않은데 이때 출산장려금은 지원받을 수 없는 식이다. 실질적으로는 이곳에서 나고 자라고 또 생산활동에 참여하는 시민이라는 입장에서는 불이익으로 여길 수밖에 없는 상황이다.

광양시가 추진하는 장학금 제도에 대해서도 근본적인 대안이 만들어져야 한다. 최근 광양시가 추진하는 지역 출신 대학생에게 연간 최대 340만 원을 지급하는 '대학생 생활비 장학금 지원사업'이 시의회에서 보류되었다. 광양시는 국가장학금과 대학별 장학금과는 별도로 백운장학회를 통해 지역 출신 대학생 등에게 장학금을 지급하고 있다. 대학생 생활비 장학금 지급은 충분히 고려해 볼 만한 정책이다. 그러나 대학을 진학하지 않고 창업과 취업, 문화예술 분야 등에 진출하는 청년들과의 형평성 문제는 반드시 해결해야 하는 요소다.

시대가 변하고 있다. 초중고 학생들을 성적 중심으로 우열을 가려 의대, 법대에 목을 매게 해서는 국가의 경쟁력이 없는 시대에 직면했다. K-컬처 등 문화예술이 전 세계를 휩쓸며 경제적 효과를 창출하고, AI 등 첨단산업으로 산업생태계가 급격하게 변모하고 있다. 광양 지역의 학생들과 청년들이 나라의 미래를 이끄는 창의적 인재로 거듭나는 교육정책과 대학 미진학 청년들의 삶과 도전을 어루만지는 섬세한 장학금 사업이 이루어져야 한다.

'요람에서 무덤까지'라는 유럽 사회의 복지 슬로건처럼 생애 전주기에 걸친 복지사회 구현은 시간이 필요한 게 사실이며, 우리 사회는 이를 위해 한걸음 한 걸음 나가고 있는 중이다. 다만 장기적인 차원에서 인구에 대한 해법을 찾기 위해서는 무엇보다도 0세부터 20대 중반에 해당하는 '출생부터 청년자립까지'의 시기만큼은 출산, 육아, 교육, 자립기반구축에 있어서 안전할 수 있도록 차별

없는 복지정책 시스템을 마련하는 길이 우선돼야 한다. 그것은 시장이 발 벗고 나서야 할 일이다.

시안견유시家眼見惟家,
불안견유불의佛眼見惟佛矣.

"시장은 나름 자기만의 철학이 필요하죠? 그런데 철학이고 뭐고 그런 게 안 보여요. 이왕 선택한 길이라면 좀 힘들더라도 초심을 끝까지 가져가는 것이 중요할 것 같아요. 또 목에 칼이 들어와도 자신의 길을 묵묵히 갈 수 있는 철학은 있어야 하지 않겠습니까?"

시장의 길에 도전하겠다고 하니 지인들을 만날 때마다 이런 얘기를 자주 듣게 된다. 아마도 그들 입장에서는 '시민들 불신이 이만저만이 아니다. 그러니 당신은 이왕 할 거면 소신을 갖고 잘 해주길 바란다'는 애정과 진심이 담긴 말이라는 것을 너무도 잘 알기에 뼛속까지 새겨들어야 한다고 다짐을 하곤 한다.

'나는 어떤 시장으로서 어떤 마음을 품고 그것을 실천으로 옮길 것인가?'에 대해 진지한 성찰과 준비가 필요하다. 다만 시민들의 기대에 부응하기 위한 책임감은 갖되 이를 큰 걱정거리로 삼진 않으려고 한다. 거창하게 '시장으로서의 철학'이라는 말로 내세우고 싶지는 않지만 지난 34여 년간 공무원의 입장을 대표하여 노조 활동의 일선에서 지녔던 소신을 그대로 보여주면 되지 않겠는가 싶은 생각이다.

'시안견유시, 불안견유불의(豕眼見惟豕, 佛眼見惟佛矣)'. 열 한 글자로 이루어진 이 고사성어에 대한 믿음과 확신이 강하다. '돼지 눈에는 돼지만 보이고, 부처 눈에는 부처만 보인다'는 의미로 종종 태조 이성계와 무학대사가 주고받은 대화를 통해 '뭐 눈에는 뭐만 보인다'는 식으로 많은 이들의 입에 오르내리기도 한다.

이 고사성어를 그릇된 언행이나 잘못된 편견이나 판단에 빗대어 활용함에 있어서 '돼지 눈에는 돼지만 보이고, 부처 눈에는 부처만 보인다'는 직역으로 단순하게 표현하는 이들도 있겠지만 각자의 삶에 접목하는 방법은 얼마든지 다를 수 있을 것이다. 나는 어떤 직함을 갖기 이전에 한 사람의 시민으로서 시민의 눈으로 모든 것을 보려고 하는 편이다. 내가 '지역운동가'라는 이름을 선호하는 이유 또한 바로 이 때문이다.

단언컨대 나는 정치인으로서의 한 사람이 아닌 지역 시민의 한 사람으로서의 '시장'의 길을 추구한다. 시민으로서 시민 가까이에서 시민의 눈으로 지역사회를 바라볼 때 무엇이 문제이고 그 문제를 풀어나갈 실마리를 어디에서 찾을 것인지 고민하게 되고 또한 한결 빠르게 찾을 수 있기 때문이다. 이를테면 시민들의 삶의 현장에서 보고 듣고 느끼고 또 무엇을 변화시키고 어떤 모습의 지역사회를 그릴 것인가에 대한 답은 지역운동가로서의 산 체험과 사고에서 얻을 수 있다는 논리다.

그간 광양에 살면서 시민들이 정치인들을 두고 하는 말 중 자주 들었던 말이 있다.

"지역 일꾼이 되라고 뽑아 줬는데 '무슨 날'이면 나타나고 평상시엔 코빼기도 안 보인다."

정치인이나 지자체장은 특권을 지닌 특별한 사람이 아니다. 시민의 한 사람으로서 시를 위한 일꾼이자 봉사자 그 이상의 특권을 누려서는 안 된다. 홍수가 났을 때 바지 걷어붙이고 하수구 뚫는 일에 나섰다는 게 뉴스화되는 것도 불편한 일이다. 어떤 일이든 지자체장도 국회의원도 시에서 자신이 실천해야 할 일상이어야 하기 때문이다.

'시민의 눈에는 시민만 보인다'는 신념과 소신을 갖고 그대로 실천하는 당사자이고자 한다. 내가 태어나고 자라고 지금까지 살아온 내 고향에서 무엇을 어떻게 해야 하는지를 안내해 줄 수 있는 가장 큰 나의 자산이 아닐까 싶다.

한 달에 하루, 얼굴 마주보기

'소통'은 곧 리더십으로 통하면서 어느 조직에서든지 화합과 발전을 이끄는 강력한 본질이자 핵심으로 거론된다. 가정에서는 부부간 또는 부모와 자식 간, 기업에서는 상사와 부하 간, 모임에서는 회원들 간 문턱이 없는 대화를 통한 소통이 중요한 시대다.

정부도 지자체도 마찬가지다. 국민, 시민과의 소통은 그 무엇보다도 필수다. '소통 아닌 불통'이라는 소리를 들으면 희망과 미래는 이미 물 건너간 얘기로 치부된다. 상호 간 오해와 갈등의 골이 깊어지고 그게 쌓이고 곪아버리면 언젠가는 터지게 되어 상호 충돌이 발생하기 마련이다.

쌍방향 소통이 중요한 시대이다 보니 이제는 지자체 홈페이지에 들어가면 어디라고 할 것 없이 지자체장과 시민 또는 주민과의 소통을 알리는 열린 대화 창구를 알리고 심지어는 '소통의 날', '찾아가는 소통'으로 홍보에 적극적이다. 사실 도지사가, 시장이, 군수가 지역민과 얼굴 마주하고 대화를 주고 받는 소통을 하는 것은 지극히 당연한 일이건만 그것을 마치 큰 선심 쓰듯 한다는 인상을 지울 수가 없다. 지자체가 나서서 홍보한 대로 진정성을 갖고 소통이 이루어진다면 그나마 다행스러운 일이다. 그마저도 제대로 되고 있는지, 시민이 소통의 기회를 갖는데 만족하고는 있는지에 대해서는 의문이 던져진다.

나는 공무원 출신이다. 그간 지켜본 지자체장들의 소통법 9할은 '행사장 소통'(?)에 치우쳐 있다고 감히 밀할 수 있다. 이 행사 저 행사 찾아다니면서 축사하고 인사말하고 현장에서 만난 일부 사람들과 악수하고 인사하는 게 그들만의 소통법이다. 누군가는 하루에 10여 개의 행사장을 다녀왔다고 자랑한다. 과연 그게 시민과의 소통일까? 행사장 찾아가는 소통은 곧 '자기 광고'라는 사실을 시민들은 이미 다 알고 있을 터이다.

지자체마다 가끔은 시민들과의 소통을 위해 시장이 열린 대화 시간을 가졌다는 소식을 접한다. 결코 이벤트 행사가 아니었기를 바라는 마음이지만 십중팔구는 질문자를 미리 정해놓고 답하는 이를테면 흔한 말로 '짜고 치는 고스톱'(?)이라는 생각을 지울 수가 없다. 직접 보고 들은 바에 의하면 그것은 시장과 시민의 대화가 아니라 시장이 해당 읍 면 동장의 역할에 어울릴 만한 주제를 정해 놓고 소통의 형식을 빌리는 쇼나 다름없다.

몇 달 전 K도지사가 도민들의 목소리를 직접 듣기 위해 버스를 타고 지역을 옮겨 다니며 도민을 만나는 '민생경제 현장 투어'를 시작했다는 뉴스가 등장했다. 도민과의 소통을 위한 참신한 아이디어와 열정을 보는 듯해서 흐뭇했지만 한편으로는 그 같은 일들이 일상화되어 주목받지 않아도 되는 날이 와야 한다는 생각이 들었다.

시민들이 소통을 원하는 가장 큰 이유는 민원이다. 시민으로서 자신이 현재 겪고 있는 애로점이나 걸림돌을 해결하고자 이런 방법 저런 방법을 다 사용했는데도 안 될 때 시의 책임자인 시장에게라도 말하고 싶은 것이다. 누구든 어떤 문제가 눈앞의 불이 된 상황에서는 자신의 얘기를 귀담아 들어주는 한 사람이라도 있길 소망한다. 설령 자신들의 바람이 당장 해결되기 어려운 영역의 문제라고 할지라도 시민들은 시장과 제대로 된 소통이라도 한번 해보길 원한다.

정치인의 소통은 곧 자신의 능력을 보여주는 결과물로 이어질 때 소통 잘하는 인물로 남는다. 그래서 염두에 두고 있는 나의 시민과의 소통법은 한 달에 한 번은 '열린 시장실(가칭)'을 운영하는 것이다. 이를테면 1인 10분 정도씩이라도 시간을 정해놓고 시민들의 얘기를 직접 들어보려고 한다. 이럴 경우 한 달에 50여 명의 시민과는 얼굴 마주 보고 대화를 나눌 수 있지 않을까 싶다. 민원의 유형에 따라서 더러는 절대 해결 불가능하다고 못 박을 수밖에 없는 담당자와 시장의 입장은 다르다. 시장은 담당자보다는 큰 시선과 재량을 가지고 있기에 해결 가능한 방법을 찾아내는 것이 얼마든지 가능할 수도 있기 때문이다.

정부든 지자체든 최고책임자인 리더는 소통에서 먼저 인정받아야 국민에게 시민에게 미래에 대한 희망과 기대를 안겨줄 수 있다. 그런 점에서 볼 때 이재명 대통령의 소통리더십은 시사하는 바가 크다고 볼 수 있다.

지난 9월 이 대통령은 정치적 성향을 떠나 여러 언론으로부터 취임 100일간의 행보를 역대 대통령들과 비교해 볼때 단연코 압도적인 '소통 행보'를 했다는 긍정적인 평가를 받았다. 공식 기자회견 및 간담회 외에도 해외 출장길 전용기내에서 기자 질문을 받고 대통령실 커피숍에서 기자들과 대화를 나누고, 사전 약속 없이 식당에 방문해 기자들과 식사하며 질문을 받고, 또 의견을 묻기도 한 행보가 역대 대통령들과는 사뭇 달랐던 점이다. 언론은 곧 국민의 눈과 귀 그리고 입이나 다름없다는 점을 생각한다면 분명 소통을 잘하는 대통령임에 틀림 없다. 누구든 리더의 입장이 된다면 벤치마킹이 필요한 열린 소통법이 아닐까 싶다.

소외된 이웃은 없어야 한다

3년 전 한국노총 집행부에서 일하던 시기에 사회연대노동조합연맹 설립 주도에 힘을 기울였다. 당시 한국노총 제27대 집행부는 주요 공약사항이던 '한국노총 일반노조 설립'을 추진했다. 일정 규모의 집단이 참여하는 기존의 노동조합들만이 아니라 열악한 노동환경으로 인해 안전, 노동권 등 기본 권리조차 누리지 못하고 있는 노동자들과의 연대노조를 결성하는 일이다.

우리나라 노동운동이 사회적 약자들을 제대로 품지 못한다는 비판을 달게 받고 있다. 조금 늦었지만 더 늦기 전에 비정규직, 플랫폼 · 프리랜서, 특수고용, 자영업자, 외국인 노동자들의 목소리 대변 및 노동 사각지대 해소에도 발 벗고 나섰던 기억이 생생하다.

드디어 지난 9월 노동계의 숙원과제였던 '노란봉투법'이 통과 되면서 특수고용 · 하청 · 플랫폼 노동자들이 진짜 사장을 상대로 노조를 설립할 권리를 대폭 확대하는 길이 열렸다. 천만다행이다.

정치에 발을 들여놓은 정치인들은 여야를 막론하고 하나같이 말한다. 민생 안정과 경제 활성화에 모든 정책 역량을 집중하고 정의가 구현되고 미래의 희망을 말하는 모두가 행복한 나라를 만들고자 노력하겠다고. 300명의 국회의원 중 과연 몇 명이나 이 말에 책임을 질 수 있을까?

상거래에서 저울추가 기울어지면 한쪽은 반드시 손해를 보기 마련이다. 비즈니스만이 아니다. 우리가 사는 세상 또한 마찬가지다. 그 누구에게도 저울추가 기울어지면 안 되는 일이건만 현실은 그렇지 못하다. 온전한 평등은 존재하지 않는다. 소외된 시민을 평등의 선상에서 다함께 행복한 사회를 만드는 것, 그것은 내가 시장이 되고자 하는 이유 중의 큰 갈래 중 하나다.

과거 우리는 '소외계층'이나 '약자'의 보편적인 개념을 장애인 또는 경제적 빈곤층에 국한시키려는 경향이 지배적이었다. 이제는 달라져야 한다. 우리가 원치 않는 일이지만 시대변화와 함께 사회적 약자는 자연발생적으로 나타난다. 그래서 나는 현시점에서 약자의 개념을 이렇게 정의 내리고자 한다. 40, 50보다는 20, 30세대를, 남성보다는 여성을, 가진 자보다는 못 가진 자를, 비장애인보다는 장애인을, 신체적으로 젊은 세대보다는 고령세대를, 국적으로는 한국인보다는 저개발국 외국인을 사회적 약자로 판단한다.

초고령사회이자 다문화가정시대 그리고 AI 혁명의 시대를 사는 지금 우리의 이웃 중 누군가는 앞서 제시한 사회적 약자로 살아가는 이들이 부지기수다. 국가와 사회가 건강하게 발전하며 지속 가능해지려면 편견과 차별로 소외되는 이들이 없어야 한다. 우리가 이미 오래 전부터 경험했던 일들이자 뼈아픈 교훈이기에 앞으로는 이를 반복하지 말아야 한다.

일찌감치 수백 년 전부터 약자에 대한 배려의 정치를 한 주인공은 다름 아닌 세종대왕이다. 대표적인 사례로 거론되는 것들로 한글 창제와 여성에 대한 정책이 그랬다. 훈민정음을 만든 기저에는 백성들이 모르고 죄를 짓는 것은 막아보자는 차원에서였으며 여자 노비가 출산에 임박해서 휴가를 얻는 게 안타까운 나머지 종래 7일의 휴가 기간을 100일로 늘려주고 그에 더해 남편에게도 한 달의 휴가를 주었다고 한다.

그래서일까. 그간 정치인들은 선거에 나올 때마다 일찍이 사회적 약자를 위한 리더십을 발휘한 세종대왕을 소환하곤 했다. 민생경제살리기를 위한 방안으로 청년, 소상공인, 자영업자, 재래상인, 물가안정, 주거 안정, 여성, 인권, 농어촌, 비정규직, 사회적 약자 등을 앞세운다. 역대 정부에 따라서 일부는 실현된 것도 있겠지만 국민으로서는 대부분 보여주기 위한 홍보성 이슈였다는 지적을 하지 않을 수 없을 것이다.

이재명 정부가 기본소득을 공약 중 하나로 내세운 것은 바로 약자를 보듬고 함께 살아가는 세상을 만들기 위한 초석을 다지기 위한 일이다. 두 손 들어 환영하는 바이고 우리 시 또한 약자와 동행하는 함께 행복한 도시를 만들어야 하고 나는 그렇게 할 수 있다는 신념과 열정이 준비돼 있는 사람이라고 자신한다.

바구니 들고 시장으로 간다

선거철이나 명절 때 또는 경제 이슈가 발생할 때마다 대통령은 물론이고 정치인들이 찾아가는 곳이 있다. 재래시장이다. 서민들의 실물경제를 눈으로 확인할 수 있는 대표적인 현장이자 서민들과 가까이서 만날 수 있는 최적의 장소이기 때문이다.

정치인들이 시장에 나타나면 한바탕 요란스럽다. 저마다 식자재와 과일을 구입하고 상인들과 사진 촬영하느라 여기저기서 카메라 셔터가 터진다. 장바구니 들고 다니는 광경이나 평소에는 즐겨 먹지 않는 해장국이나 분식을 사 먹는 장면이 어김없이 뉴스에 대문짝처럼 등장한다. 이럴 때마다 사람들은 말한다. 서민경제를 중시한다는 그들의 말과 행동이 한낱 보여주기 위한 쇼가 아니고 현실로 반영되길 바란다고. 바꿔 말하면 그간 드러난 면면을 종합해 볼 때 진심이 부재된 이벤트였으니 제발 앞으로는 서민경제 정책을 잘 펴고 민심을 제대로 확인했으면 한다는 얘기다.

시장 방문이 어쩌다 한 번이 아니라 평소에도 그런 모습이 자주 보였다면 어떠했을까? 경제뉴스가 아니더라도 참모진의 보고가 없을지라도 누구보다도 빨리 서민들의 삶을, 실물경제의 흐름을 피부로 느낄 수 있을 터인데 그들에게는 그게 일상이 아닌 이벤트이기 때문이다.

내가 상설시장이나 5일장, 마트 등을 자주 가서 장을 보기 시작한 것은 거의 20여 년 가까이 된다.

남매가 초등학교에 다니던 시절부터 아내와 함께 농수산물과 과일을 사러 가기도 하고 주말이면 맞벌이하는 아내에게 휴식도 주고 가족들 특식 이벤트를 만들고자 혼자서도 바구니를 들고 수시로 드나들었다. 그러다 보니 시장과 마트에서 지인들을 만나고 자연스럽게 인사를 주고받는 경우도 많아졌다. 우뭇가사리를 넣어 만든 콩국을 파는 형님, 백반을 파는 시장 내 식당 주인, 야채를 팔러 나오는 시골 아주머니들, 과일 장수 아저씨, 생선가게 아주머니 등등.

어떤 날은 이미 시장바구니가 가득 찼는데도 떰이로 가져가라며 손짓하는 야채장수 어르신이나 과일가게 주인의 말이 발을 붙잡아 집 냉장고에 같은 물건이 있는데도 불구하고 구입할 때도 있다. 냉정하게 말하면 낭비지만 광양에서 나고 자란 나로서는 그게 인심이고 사람 사는 정이기에 시장에서 몇천 원 더 쓰고 가는 것을 피하기보다는 즐기는 쪽에 가깝다.

아무래도 나에겐 재래시장과의 인연이 타고난 팔자인가 보다.

몇 년 전부터 아내는 공무원 퇴직 후 시장 2층에 커피가게를 열었다. 공무원 생활 내내 해보고 싶은 일이라고 했다. 그러다 보니 광양읍 매일시장은 하루에도 열두 번씩 들락거리는 가게 이름 그대로 나의 '아지트'가 돼 버렸다.

시장에서는 시민들의 생생한 목소리를 들을 수 있다. 정치, 사회, 경제와 관련된 모든 얘기가 그 속에 모여 있다. A 정치인이 선거 시 말만 번지르하게 해놓고 약속을 지키지 않았다는 불만, 보이스피싱과 전세 사기로 누구네 집 자녀가 또는 사촌이 피해를 입었다는 안타까운 소식, 가을장마가 길어서 사과와 감 수확량이 줄어들어 가격이 비싸졌다며 속상해하는 시민들과 상인의 심정이 여과없이 그대로 드러난다. 그게 민생이고 광양을 대표하는 정치인과 시를 이끄는 지자체장이 듣고 알아야 할 시민들의 오늘이다. 공중파 방송과 인터넷 언론보다도 더 빠른 뉴스 현장을 어찌 무시할 수 있단 말인가.

시장이 된다고 해서 달라질 게 있을 리 없다. 주말은 누구든 휴식을 취하고 여가를 즐겨야 하는 시간이다. 시장 가는 것에 어떤 목표를 두기보다는 평소 하던 대로 주말 나들이 삼아 꼭 하루는 시장바구니 들고 이곳저곳 찾아다닐 작정이다. 시장도 보고 민심도 살피고 식당에 들러서 한 끼 식사도 하면서. 시민들과 함께 웃고 떠들 것이다.

"형님 장사는 잘 되시나요?"

"아주머님 많이 파셨어요?"

"어르신 지난 장날에는 안 나오셨던데 건강은 괜찮으신거죠?"

시민들 사는 얘기를 듣고 사람 사는 정과 향기가 있는 시장을 사랑하는 '시장'은 정치인이 아닌 모든 광양시민의 이웃이다. 그게 바로 내가 지향하는 광양시장의 참모습이다.

"사회적 합의를 이끌겠습니다."

언제부터인가 지자체장들을 가리켜 '민심을 헤아리기보다는 출세 지향적인 사람'이라는 낙인을 찍는 국민이 많아졌다. 오로지 자신들만의 독점적 권력을 향유하고자 출세 지향적 행보를 보이는 인사들에 대해 경종을 울리는 시민들의 목소리가 커지고 있다는 얘기다. 그간 나 또한 각계각층 시민들을 만나면서 우리 시에도 이런 지적이 적지 않다는 것을 알게 됐고 공감하는 바이다.

지자체장과 국회의원 또는 중앙정부의 주요 공직자들의 역할은 엄격히 다르다. 시민의 파수꾼이 되겠다고 나섰다면 그 철학과 임하는 자세가 차별화돼야 한다. 자고로 지자체의 수장이라면 명예와 권력으로부터 벗어나 시민을 위한 희생이 전제된 마인드에서 임해야 한다는 게 나의 소신이다.

일찍이 스무살 청년 시절부터 나는 광양시청에서부터 공무원으로 일하기 시작했고 30년이 넘는 오랜 공직생활을 통해 다양한 경험을 쌓았다. 무엇보다 광양 토박이로서 광양시민들과 가까이서 만나면서 동고동락했기에 우리 시가 안고 있는 현안 과제와 향후 어떤 미래를 개척해 나가야 하는가에 대해서도 잘 알고 있다. 따라서 광양시를 이끌 기회가 나에게 주어진다면 정치인 아닌 시민 이충재로서 일하겠다는 마음의 준비가 그 누구보다도 탄탄하고 확실하다고 말할 수 있다.

이미 잘 알려진 대로 나의 이력에서 전국공무원노동조합의 출발을 주노하고 활동의 선봉에서 20여 년 활동하는 동안 갈등과 대립이 난무하는 한국 사회에서는 불가능할 것 같은 사회적 합의를 두 차례나 이끌어 냈다는 것은 빼놓을 수 없는 사실이다. 노조를 바라보는 사람들의 시각은 제각각이다.

'노조' 하면 색안경부터 끼고 보는 이들이 적지 않다. 당장 매스컴을 접하면서 보고 느낀 기업의 강성노조를 먼저 떠올릴 수 있기에 그렇지 않은가 싶다. 나는 자화자찬을 즐기는 사람이 아니다. 다만 어디서든 누구 앞에서든 지난날 소신과 책임감을 갖고 활약한 노조 활동에 대해서는 '나로서는 꼭 필요한 역할이었고 그만하면 잘했다'고 자신있게 말한다. 일반기업과는 또 다른 이유와 성향을 지닌 공무원노조 활동이었으니까.

1990년대 후반 당시로서는 전국 공무원을 대상으로 하여 노동조합을 결성하는 데 일익을 담당하고자 하려면 나 자신을 희생하지 않고서는 불가능했다. 전국공무원노동조합위원장과 공공서비스노동조합총연맹위원장, 한국노총 상임부위원장 등 우리 사회 변혁의 한 축을 맡아 책임을 완수하기까지는 권력과 명예와는 너무도 거리가 먼 가시밭길을 걸어야 했지만 그 길을 마다하지 않았다. 나 한 사람이 아닌 모두를 위한 길이었다.

2천년대 국내 정치사회 현실은 정치인들의 정쟁과 노사, 진영 간의 극심한 대립이 난무하던 시기다. 특히 이명박 정부와 박근혜 정부에서는 정부와 공무원노조가 극심하게 대립하는 시기였지만 나는 당시 뜨거운 감자였던 '공무원연금'이라는 국가적 의제를 큰 혼란 없이 사회적 합의로 갈등을 조정해 냈다. 그 시절 한국 사회에서 정부와 여야 정당, 그리고 노조와 관련 분야 전문가들이 참여한 가운데, 사회적 대타협을 두 번이나 성사시키는 리더십을 발휘했다.

훗날 '이충재의 역량이 큰 몫을 했다'는 평가를 받았다. 언론을 통해서도 이미 소개된 내용이고 지금도 공무원 사이에서 전설처럼 회자되고 있는 게 사실이다. 이에 대해 나는 한 점 부끄럼이 없고 늘 당당하고 떳떳하다. 특히 공무원들의 일부 희생을 감수하면서도 국민의 노후를 위해 앞장서는 등 공익을 위해 일한 것에 자부심을 갖는다.

사회적 대통합은 명문대를 나오고 정치 경력이 많다고 해서 거둘 수 있는 성과는 아니다. 학력과 권력의 힘이 아닌 희생을 각오한 책임감에 탄탄한 실무 지식과 경험 그리고 소통과 협치의 리더십이 더해질 때 가능하다. 명예도 권력도 눈부신 학력도 없이 희생이 전제된 위치에서 사회변혁을 일궈냈다는 자부심이 강할 수밖에 없는 이유이기도 하다.

전 세계적으로도 훌륭한 업적을 남긴 지도자들은 학력이나 권력이 아닌, 유년 시절부터 힘든 역경을 이겨내면서 쌓인 철학과 신념을 바탕으로 국가의 번영과 국민이 주인인 민주주의 사회를 만들어왔다. 그들의 덕목 중 빼놓을 수 없는 것이 '소통과 협치의 리더십'이다. 정당과 진영, 세대와 지역의 갈등이 첨예하고 부의 재분배가 현저하게 무너진 우리 사회에서 사회적 대통합을 이뤄내는 지도자의 리더십은 필수적이다.

이제는 광양시민의 한 사람으로서 내가 추구하는 시민의 삶을 내가 해온 경험과 그 경험으로부터 얻은 노하우로 펼쳐놓을 때이다.

이충재가
'내일'이라는 이유

언론을 빗대어 흔히 말하기를 '민주주의의 제4부'라고 한다. 권력이 아닌 국민의 입과 눈 그리고 귀가 되어 언론의 본질 그 자체로서 기능을 다 하는 정론을 펼쳐야만 한다는 것을 강조하는 말이다. 그럼에도 불구하고 우리 시대 자본의 힘과 정치적 성향의 한계에서 벗어나지 못하는 언론의 모습을 볼 때면 언론을 접하는 국민의 혜안이 그 어느 때보다도 중요하다는 생각을 하게 된다.

몇 달 전 우연하게 내 눈을 주목시킨 기사 한 편이 있었다. 자칫 색안경을 끼고 보면 나에 대한 칭찬 일색으로 비춰질 수도 있겠지만 이 기사만큼은 있는 사실 그 자체에 근거하여 기자가 자신의 명예를 걸고 작성한 원고라는 데 깊은 공감을 할 수 있었다. 나 또는 주변의 사람들도 전혀 예상치 못했던 터라서 더욱 그러했다.

지난 10월 1일 〈시사25〉 정순종 기자는 내년 6. 3.에 실시되는 전국동시지방선거에서 광양시장직 도전이 예상되는 나(이충재 더불어민주당 순천광양곡성구례(을) 지역위원회 부위원장)의 발걸음에 광양 시민들의 시선이 집중되고 있다고 전하면서 이충재가 '내일'인 이유를 몇 가지로 거론했다.

기자는 '학력 아닌 주민들과 눈높이 맞출 수 있는 학벌 필요'라는 소제목에서 이렇게 말했다.

"우리는 살아가면서 종종 학력과 학벌의 차이에서 혼란을 느낀다. 학력은 학교를 다닌 경력이다. 반면 학벌은 (학문을 통해서 얻게 된) 사회적 지위나 신분을 말한다. 쉽게 설명하면, 고 김대중 전 대통령이나 고 노무현 전 대통령은 고졸 출신이므로 학력이 낮다고 할 수는 있겠으나, 고졸 학력으로 국가수반의 위치에까지 올랐으니 학벌은 대단하다고 말할 수 있는 것과 같다.

이 부위원장은 그동안 전국 각양 각지의 여러 조직에 속해 있으면서 다양한 이해관계에 얽히고 설킨 엘리트 공무원들의 관계를 조율하면서 권리를 책임지는 위치에서 전국 단위에서 위원장직을 역임하였으니, 이 어찌 대단하다 하지 않을 수 있겠는가. 이처럼 그는 늘 사회적 약자들을 위해 희생해 왔다."

그는 내가 우리나라 최고의 명문대를 졸업하여 유수의 엘리트 공무원들을 지휘하는 위치에 있었다면 당연하다고 할 수 있지만 고교 졸업만으로 이를 해냈으니 어찌 대단하지 않다고 할 수 있겠냐고 덧붙였다. 특히, 법률을 제정하고 제도를 정비하며 국민의 대표성을 띠는 국회의원들과 달리 민원 현장에서 직접 뛰는 기초단체장의 조건은 학력이 아닌 주민들과 눈높이를 맞출 수 있는 따뜻한 눈을 가진 나(이 부위원장) 같은 학벌이 더 긴요하다고 피력했다. 그 누구 앞에서도 부끄럽지 않은 나의 학력이기에 적잖게 가슴을 뜨겁게 만들기도 했다.

또 그는 말했다.

"지금은 거의 모든 사회구조가 시스템화돼 있어서 후보자의 학력의 높낮이나 경력의 화려함이 단체장의 선택의 기준이 될 수 없다. 오히려 그러한 독소 요소들이 교만과 오만과 거만의 극치로 나타나는 걸 우리는 종종 목도해 왔다. 두 전직 대통령 역시 고졸 출신으로 행정고시에 합격하지 않았어도 정부 산하기관의 이사장을 지내지 않았어도 훌륭한 업적을 남긴 대통령으로 평가받을 수 있었던 것은 그들이 집권하기 전부터 애민사상이 발아되고 있었기에 가능했다.

그렇듯 전국 공무원노조위원장이라는 막중한 자리는 늘 신변에 위험이 도사리는 위치다. 남 다른 희생적 각오가 없으면 그 무게를 감당키 어려운 자리라는 것이다. 그럼에도 중앙에서 여러 요직을 섭렵할 수 있었던 것에서 알 수 있듯이 두둑한 배짱과 좌고우면하지 않는 그만의 특유의 돌파력이 있었기에 가능했다는 게 그를 잘 아는 지인의 회고다."

그는 어디에서 듣고 알아낸 걸까? 기자는 내가 인격이 형성되던 고교 시절부터 지금까지 매사 결단의 때에 이를 경우, 모교 순천고의 교훈인 '심오한 사고', '정확한 판단', '과감한 실천'을 떠올리는 사람으로 한마디로 강단이 있다고 했다. 일처리의 각각의 단계인 사고와 판단과 실천에 있어, 다른 일부 인사들이 늘 위에서 권세만 부렸던 것과 달리 일찍이 아래에서 시작하였기에 아래에서 위를 지향토록 한다는 것을 잘 아는 터라, 시민들이 차제에는 아예 그를 불러내 차기 시장에 부려먹을 태세라고 전했다.

'시장'이라는 자리는 현장 감각이 남다르고, 공무원들의 생리를 잘 읽어내 능력을 최고조로 발휘해야 하며 분초를 다투는 현대 사회에서 정확하고 신속한 판단과 결정, 그리고 책임감이 투철해야 하는 자리다. 나는 수십 년의 훈련 과정을 자연스럽게 거치고 체득해왔다. 그러니 다시 재도약하고 생동감이 넘치는 광양을 만드는 데 내가 나서야겠다는 다짐이다.